Jakob Wampfler

Vom Wirtshaus ins Bundeshaus

**Wie aus einer Alkoholruine
ein Original im Bundeshaus wurde**

Verlag Urs-Heinz Naegeli, Schiers

1. Auflage: 1 bis 3000 Expl. April 2005
2. Auflage: 3001 bis 6000 Expl. Mai 2005
© by Verlag Urs-Heinz Naegeli, CH-Schiers
www.uhn.ch

ISBN 3-907104-15-3

Beratung, Text und Redaktion: Urs-Heinz Naegeli, CH-Schiers
Korrektorat: Andreas Müller, CH-Aeugst am Albis
Umschlaggestaltung: Peter Meyer, CH-Bern
Gesamtherstellung und Vertrieb Schweiz: Jordi AG – das Medienhaus
CH-3123 Belp
www.jordibelp.ch
Vertriebspartner Deutschland und Österreich: Asaph AG,
D-58478 Lüdenscheid
www.asaph.net

Alle Rechte vorbehalten, auch für auszugsweise Wiedergabe und Fotokopie.

Inhaltsverzeichnis

Vorwort	7
«Zum Wohl!»	10
Zurück in die Vergangenheit	17
Gefühle zwischen Schweizer Jodel und Katzenjammer	27
Das Jahr 1978	31
«Nidle, Miuchgaffee u Züpfe»	39
Noch weiter abwärts	44
Im Spannungsfeld zwischen Vater und Mutter	51
In der psychiatrischen Klinik	58
Drei Fragen und eine einzige Chance	74
Ein Inserat mit Folgen	84
Vom Wirtshaus ins Bundeshaus	109
Neue Erfahrungen	120
Zurück zu den Wurzeln	127
Ein Blick nach vorn	131
Herzlichen Dank	138

Vorwort

Der Mensch sieht, was vor den Augen ist, der Herr aber sieht das Herz.
1. Samuel 16,7

Nicht jeder Suchtkranke hat das Glück, ein Original zu sein, und längst nicht jeder Diemtigtaler besitzt die Offenherzigkeit, die Liebenswürdigkeit und den Witz eines Jakob Wampfler. Aber sein Schicksal könnte dennoch für viele wegweisend sein. Jakob Wampfler gehört zu jenen Menschen, die im Glauben an Jesus Christus Hoffnung und Zuversicht gewonnen haben und die jeden Tag daraus neue Kraft schöpfen. Glücklich sind die Menschen, die von sich sagen können: Gott weiß um mich.

Die Leute haben ihn gerne, weil sie wissen, dass er zu kämpfen gelernt und trotz Schwierigkeiten seine Empfindsamkeit bewahrt hat.

Leicht hat er es uns nicht gemacht, der Jakob. Als er nach einem äußerst bewegten und schweren Leben vor Jahren in unserem Amt die Stelle als Kurier antrat, da war noch völlig unklar, ob er sich bewähren würde. Er war ja schließlich auch nicht der Erste, den wir zur Wiedereingliederung in die Arbeitswelt beschäftigten – wenn auch mit unsicheren Aussichten auf Erfolg.

In der Tat waren die ersten Jahre von Schwierigkeiten und Rückschlägen geprägt, sodass die Kündigung seines Anstellungsverhältnisses ins Auge gefasst werden musste. Was mich letztlich bewog, dennoch davon abzusehen, weiß ich nicht mehr. Aber es könnte gut sein, dass ich den Mut dazu nicht fand, solange ich nicht selbst alles versucht hatte, diesen Menschen vor dem erneuten Absturz zu retten.

Es hat sich gelohnt! Jakob Wampfler ist nun seit Jahren abstinent. Er verrichtet seine Arbeit inzwischen viel gelöster und mit großer Freude, zuverlässig und oft mit ansteckendem Humor. Die Leute haben ihn gerne, weil sie wissen, dass er zu kämpfen gelernt und trotz Schwierigkeiten seine Empfindsamkeit bewahrt hat. Sie lieben und schätzen die Hoffnung, die er verbreitet; vor allem aber spüren sie, woraus Jakob Wampfler seine Kraft schöpft.

Wir haben allen Grund, dankbar zu sein. Dies vor allem jenen Kolleginnen und Kollegen gegenüber, die ihn über Jahre hinweg liebevoll begleitet und betreut haben. Jakob Wampfler ist unserem Amt zum Segen geworden. Sein Schicksal steht einerseits für die Brüchigkeit unseres Lebens, andererseits zeigt es die Bedeutung eines tragfähigen sozialen Netzes und die Kraft, die wir aus dem Glauben zu schöpfen vermögen. Das vorliegende Buch liefert den Beweis, dass es sich lohnt, selbst bei so genannt «hoffnungslosen Fällen» nicht aufzugeben. Einzigartig ist das Lebensschicksal des Jakob Wampfler jedoch nicht. Wir brauchen nur um uns zu schauen respektive mit den Augen des Herzens das viele Elend zu erkennen. Da gibt es zahlreiche Menschen – alle auf ihre Weise Originale –, die unsere Hilfe brauchen, um eines Tages sagen zu können: Gott weiß um mich.

Bundesamt für Justiz
Der Direktor

Heinrich Koller

«Zum Wohl!»

So war ich meist betrunken,
doch das war mir egal.
Ich lebte in Spelunken,
doch war es eine Qual.[1]

«Sie sehen aber schlecht aus! Ab sofort kommen Sie nicht mehr vierzehntäglich, sondern wöchentlich bei mir vorbei.»

Einmal mehr befand ich mich bei einem Psychiater, als diese Worte an mein Ohr drangen. Mit strengem Blick sah er mich an und meinte: «So kann und darf es einfach nicht mehr weitergehen!»

Ich, ein inzwischen achtzehnjähriger Jüngling, fühlte mich während der ganzen Zeit, als er zu mir sprach, sehr übel. Jetzt aber, wo er mir diese strengen Worte ins Gesicht schleuderte, wurde mir speiübel. Ich fühlte mich hundeelend. Hinzu kam, dass das, was er mir sagte, absolut der Wahrheit entsprach. In meinem Leben war eine Änderung tatsächlich dringend notwendig.

Noch während ich meinen Gedanken nachhing, hörte ich ihn sagen: «Von heute an werde ich auch Ihre

---

[1] Alle kursiv gesetzten dichterischen Zeilen, die unterhalb der jeweiligen Kapitelüberschriften abgedruckt sind, wurden aus einzelnen selbst verfassten Gedichten des Autors (Privatsammlung) entnommen.

Tablettendosis erhöhen. Ich gebe Ihnen hier gleich zwei Rezepte mit. Sie können sie in der nächstbesten Apotheke einlösen.»

An den Nebentischen saßen viele Gesellen mit finsteren Mienen. Sie passten ausgezeichnet zu meinem damaligen Gefühlszustand.

Ich verabschiedete mich vom Psychiater und drückte ihm geradezu freundschaftlich die Hand. Innerlich aber war ich völlig aufgewühlt. Ich schwor mir, diesem Psychiater und überhaupt der ganzen Welt zu zeigen, was man mit all diesen blöden Medikamenten bewerkstelligen kann. Ich steuerte gleich auf die Apotheke zu. Diese jedoch hatte, da es inzwischen Mittag war, geschlossen. Obwohl der Psychiater mich darauf hingewiesen hatte, dass es nicht gerade schlau ist, die verschriebenen Tabletten zusammen mit Alkohol einzunehmen, hatte ich nichts Gescheiteres zu tun, als in eine Kneipe zu gehen und mir dort einen ganzen Liter *Fendant*[2] zu bestellen. Normalerweise bestellt man von so einem Wein als Einzelperson ein oder zwei Deziliter. Die Bedienung erkundigte sich, wie viele Gläser sie noch bringen solle.

---

[2] Weißwein aus großen runden Beeren, leicht und säurearm.

Offenbar erwartete sie, dass bei einer Bestellung von einem Liter Weißwein demnächst noch einige Freunde oder Kollegen eintreffen würden. Dem war aber überhaupt nicht so. Aufgebracht schnauzte ich die Kellnerin an und sagte: «Ich habe selber Durst genug! Ein Glas wird da wohl genügen. Was geht es Sie an, wie viel ich bestelle. Bringen Sie mir endlich das, was ich Ihnen aufgetragen habe oder ich rufe Ihren Chef!»

Sofort drehte sie sich um, schüttelte verständnislos den Kopf und machte sich davon. Wenige Augenblicke später schenkte sie mir das erste Glas ein: «Zum Wohl!»

Nach einer Stunde hatte ich den Liter Weißwein bis auf den letzten Tropfen ausgetrunken. Ich stand auf, erfüllt von einem wohltuenden Gefühl, und machte mich – noch immer mit ziemlich sicheren Schritten – auf den Weg in die Apotheke. Als ich dort die Rezepte des Psychiaters zeigte, wurden mir umgehend zwei Fläschchen mit je hundert Tabletten ausgehändigt.

Mein nächstes Ziel an diesem wunderschönen, goldenen Herbsttag war die *Tigerfalle*, eine alternative und heruntergekommene Spelunke im Herzen der Altstadt von Thun. Dicke Rauchschwaden, teilweise mit süßlichen Gerüchen versetzt, hingen in der Luft. In der *Tigerfalle* wurde nicht nur reichlich Alkohol ausgeschenkt, sie war gleichzeitig auch ein Umschlagplatz für Drogendealer. An den Nebentischen saßen viele Gesellen mit finsteren Mienen. Sie passten ausgezeichnet zu meinem damaligen Gefühlszustand. Ich fühlte mich wohl unter ihnen, während ich mehrere Biere in mich hineinkippte. Ich war hier zwar unter meinesgleichen, letztlich aber doch allein und stierte vor mich hin. Rund drei Stunden saß ich gelangweilt in dieser Spelunke. In den Gassen der Altstadt hatten sich die letzten Sonnenstrahlen bereits verabschiedet. Der Abend rückte näher, und ich beschloss, meine Sauftour an verschiedenen anderen Orten fortzusetzen. Mit der zunehmend hereinbrechenden Nacht wurde es auch um mich herum immer finsterer.

Bald würden alle Sorgen dieses Lebens endgültig vorbei sein. Mit meiner rechten Hand griff ich in die Innentasche meiner Jeansjacke und holte die zwei Gläser mit den je hundert Tabletten hervor.

In den folgenden Stunden trottete ich von einem Wirtshaus ins andere. Dabei blickte ich tief in die jeweiligen Gläser. Der Alkohol floss buchstäblich in Strömen. Meine Gangart geriet immer mehr ins Schwanken. Eine halbe Stunde vor Mitternacht betrat ich den Simmentalerhof. Ich hatte nun genügend Zeit gehabt, mich mit dem einen Vorhaben, das mir nun schon seit geraumer Zeit durch den Kopf ging, intensiver zu beschäftigen. Und nun war der Zeitpunkt gekommen, wo ich es in die Tat umsetzen wollte. Der Alkohol hatte zwar meine Sinne bereits umnebelt, aber dieser eine Plan stand fest. Ich wollte nun nicht nur dem Psychiater, sondern vielmehr der ganzen Welt zeigen, was ich von all diesen ärztlichen Rezepten und den damit verbundenen Ratschlägen hielt. Wenn diese blöden Tabletten schon die Lösung für meine Probleme darstellen sollten, dann wenigstens in der richtigen Art und Weise. Seit Monaten musste ich nun bereits täglich etliche solche runde Dinger in mich hineinfressen. Und seit heute wurde die Dosis sogar noch erhöht. Wenn also diese Tabletten schon alles lösen sollten, dann sollten es diesmal gleich alle Tabletten auf einmal sein. Wenige Tabletten lösen wenige Probleme; alle Tabletten werden alle Probleme lösen! Ich, Jakob Wampfler, war ja sowieso nur ein Versager! Jawohl, der Zeitpunkt war jetzt wirklich gekommen, wo ich mein Vorhaben in die Tat umsetzen wollte. Und es war niemand mehr da, der mich daran hätte hindern können!

Inzwischen saß ich an der Bar und bestellte das letzte Bier meines Lebens. Bald würden alle Sorgen dieses Lebens endgültig vorbei sein. Mit meiner rechten Hand griff ich in die Innentasche meiner Jeansjacke und holte die zwei Gläser mit den je hundert Tabletten hervor. Ich öffnete das erste Glas und begann, diese runden Dinger, als wären sie so flüssig wie Wasser, in mich hineinzukippen. Gleichzeitig spülte ich mit Bier nach. Ich hatte bereits die hundert ersten Tabletten geschluckt und war froh darüber, dass bis dahin niemand Notiz von mir genommen hatte. Meine Hände griffen nach dem zweiten Glas Tabletten. Mit ihnen verfuhr ich auf dieselbe Weise.

Ich war gerade dabei, mir die letzte Hand voll zu genehmigen, als ich plötzlich eine Frau schreien hörte: «Du liebe Zeit! Was tun Sie hier!» Ich spülte noch ein letztes Mal mit Bier gründlich nach. Kurz darauf fiel ich plötzlich vom Barhocker runter und prallte hart auf dem Boden auf. Das Letzte, was noch an mein Ohr drang, war eine männliche Stimme, die schrie: «Ruft sofort die Ambulanz!» Danach war alles um mich herum nur noch wie schwarze Nacht.

Als ich wieder erwachte, lag ich auf einem weißen Spitalbett, meine Beine und Arme waren mit Lederriemen festgebunden. Mein Schädel brummte fürchterlich. Langsam kamen in mir wieder die Erinnerungen hoch. Ach du verdammte Scheiße! Es war mir offensichtlich nicht gelungen, meinem Leben ein Ende zu setzen. Ich begriff von Augenblick zu Augenblick immer mehr, in welcher Lage ich mich hier befand. Einmal mehr war ich wieder den Göttern in Weiß ausgeliefert! Und da ich festgebunden war, konnte ich mich in keiner Weise wehren. Lange lag ich so da und versuchte über das nachzusinnen, was in den vergangenen Stunden bei mir abgelaufen war. Aber ich konnte kaum einen vernünftigen Gedanken fassen.

Plötzlich betrat eine Krankenschwester den Raum. «Wie fühlen Sie sich, Herr Wampfler?», fragte sich mich.

«Hundeelend», gab ich zur Antwort.

«Das ist ja auch nicht erstaunlich», meinte sie. «Wenn man bedenkt, welche Mengen Gift Sie geschluckt haben, so ist es ein Wunder, dass Sie überhaupt noch am Leben sind.»

«Warum haben Sie mich mit diesen Lederriemen festgeschnallt?», wollte ich wissen.

«Als Sie bei uns im Krankenhaus eingeliefert wurden, da war es kaum möglich, Sie ruhig zu stellen. In Ihrem Tablettendelirium reagierten Sie so heftig wie ein ungebändigter Stier», meinte sie. Dabei huschte ein leichtes Lächeln über ihr Gesicht, und ich empfand einen kurzen Augenblick lang sogar wieder ein Glücksgefühl.

Die nächsten zwei Monate verbrachte ich nun in diesem Krankenhaus. Dabei lernte ich verschiedene Ärzte und Krankenschwestern kennen, die mir alle manch einen Rat oder eine Ermahnung erteilten. Da war beispielsweise ein älterer Oberarzt, welcher in eindringlichem Tonfall meinte: «Herr Wampfler, von Ihren inneren Organen sind deren fünf geschädigt. Wenn Sie Ihr Leben in dieser Weise wie bis jetzt weiterführen, so wird Ihr nächstes Schicksal eine Leberzirrhose[3] sein. So gesehen gibt es nur zwei Möglichkeiten: Entweder Sie hören vollständig mit dem Trinken auf, oder Sie werden das Schicksal erleben, das ich Ihnen soeben prognostiziert habe.»

Ein wenig anders verhielt sich eine Krankenschwester. «Ich werde einfach für Sie beten, Herr Wampfler, das ist mit Bestimmtheit das Beste, was ich für Sie tun kann.»

---

[3] Verhärtung und Schrumpfung der Leber nach vorangegangener chronischer Entzündung und Wucherung des Bindegewebes.

Zurück in die Vergangenheit

Die Sonne nicht mehr lacht,
es fällt ein Blatt vom Baum,
und dunkler wird die Nacht.
Vorbei ein Traum.

In diesen zwei Monaten gab es auch unzählige Besucher, die allesamt nicht nur Besserungswünsche aussprachen, sondern auch entsprechende Ratschläge erteilten. Da und dort nahm ich mir sogar ernsthaft vor, diese zu befolgen.

Was ich bis jetzt in diesem Buch geschrieben habe, ist nur ein kleiner Teil dessen, was ich als Alkoholiker erlebt habe. Einer meiner damaligen Kollegen meinte am Spitalbett zu mir: «Du hättest ja eigentlich ganz gute Voraussetzungen gehabt, und trotzdem bist du in einer Kloake gelandet.» Wie recht er doch hatte! Mein Leben war zu diesem Zeitpunkt schon völlig zerstört. Wer war ich eigentlich, dass man mir überhaupt noch eine Chance hätte geben können!

Eines Tages lag ich wieder allein in einem Spitalzimmer. Draußen regnete es wie aus Kübeln, und die Stimmung war ganz allgemein eher gedrückt. Selbst das Krankenhauspersonal zeigte sich nicht unbedingt von der fröhlichen Seite. Während ich dalag, wanderten meine

Gedanken in meine Jugendzeit zurück. Eigentlich hatte ich in mancher Beziehung eine Bilderbuchkindheit verbracht. Jedenfalls empfand ich dies in diesem Augenblick so. Ich dachte zurück an das schöne wildromantische Diemtigtal, in dem ich aufgewachsen war. Vor meinem geistigen Auge sah ich die wilden Bergbäche, die besonders in der Frühlingszeit mit viel Getöse ins Tal hinunterdonnerten. Ich sah die malerischen Häuser, von denen viele unter Heimatschutz standen. Unser Bergtal, in dem ich aufwachsen durfte, war wirklich einer der schönsten Flecken auf dieser Erde. Im Sommer kamen zahlreiche Wanderer, die unsere Gegend zu Fuß auskundschafteten, im Winter wiederum waren es Hunderte von Skifahrern, die sich bei uns vergnügten und unsere Landschaft genossen. Ja, die Voraussetzungen für einen soliden Lebenswandel wären eigentlich rein äußerlich betrachtet da gewesen. Aber warum nur war ich so ein Säufer geworden?

Meine Gedanken gingen zurück zu meinen vielbeschäftigten Eltern. Sie leiteten die Poststelle in Zwischenflüh, dem Dreihundertseelenort, in dem ich aufwuchs. Die vielseitige Arbeit auf der Post war aber längst nicht das Einzige, womit sich Vater und Mutter den ganzen Tag über – und oftmals sogar noch spät am Abend – beschäftigten. Bei uns befand sich auch die Milchsammelstelle des Dorfes. Die Milchgenossenschaft Zwischenflüh hatte seinerzeit im Keller unseres Hauses einen siebentausend Liter fassenden Tank eingerichtet. Die einzelnen Bauern kamen seither jeden Tag zu uns, um ihre Milch abzuliefern. Darüber hinaus waren wir vor allem in den wärmeren Monaten auch noch eine Auskunfts- und Beratungsstelle in Sachen Tourismus. Wir verkauften Straßengebührentickets, Postkarten, Wanderkarten oder auch Heimatbücher. Und bei uns gab es zudem Auskünfte darüber, wo man gut essen oder günstig übernachten konnte.

Noch immer lag ich da und sann meinem Leben nach. Eigentlich war meine Kindheit ja gar nicht so ungewöhnlich gewesen. Es wäre somit sicher zu billig, jetzt einfach den damals viel beschäftigten Eltern die Schuld für meinen übermäßigen Alkoholkonsum in die Schuhe zu schieben. Was aber waren die wirklichen Gründe für diese Sucht?

Plötzlich betrat eine Krankenschwester mein Zimmer. Mein Gedankenspaziergang, der mich in die heile Welt meiner Kindheit zurückgeführt hatte, wurde damit abrupt unterbrochen. Ich erlebte in diesem Augenblick buchstäblich eine Rückkehr in die triste Wirklichkeit und realisierte gleichzeitig, dass ich einmal mehr von nackten weißen Spitalwänden umgeben war. Das Essen, das die Schwester mir nun servierte, schmeckte äußerst fade. Und sosehr die Gedanken von gerade eben mich in die Vergangenheit geführt hatten – mich holten in diesem Augenblick wieder die Realität und somit auch die Verzweiflung ein!

* * *

Wer einen Alkoholiker und seine Gefühlsstrukturen verstehen will, der sollte wissen, dass ein solcher Mensch immer hin- und hergerissen ist. Die Wechselbäder der Gefühle, denen er ausgesetzt ist, sind äußerst vielseitig. Er kann einmal himmelhoch jauchzend, ein andermal wieder zu Tode betrübt sein. Alkoholiker sind aber auch Menschen, die gerne andere belügen respektive ihre Sucht herunterspielen oder gar verleugnen. Am meisten jedoch belügen und betrügen sie sich dabei selber.

> **Kaum jemand nahm mich wirklich ernst. Dabei wäre ich auch gerne stark und von Bedeutung gewesen.**

Auf der anderen Seite gibt es sicher sehr viele Gründe, warum ein Mensch plötzlich zum Alkoholiker werden kann. Mit Bestimmtheit hat sich kaum jemand je aus freien Stücken dazu entschlossen, ein Süchtiger zu werden. Die Auslöser, die dennoch dazu führen, können vielseitiger kaum sein. Einerseits mögen es durchaus die Umstände innerhalb der Familie sein, in denen der Abhängige aufgewachsen ist. Oftmals sind es aber auch andere Gründe, die dazu beitragen.

Ich selber wurde seinerzeit in der Schule oft gehänselt und ausgelacht. Ich war körperlich eher ein schwacher und schmal gebauter Junge. Zudem war ich auch ein schüchterner und oftmals ängstlicher Knirps, der unsicher wirkte. Jedenfalls forderte mein Verhalten die anderen geradezu heraus, mich auf die Schippe zu nehmen oder gar zusammenzuschlagen. Kaum jemand nahm mich wirklich ernst. Dabei wäre ich auch gerne stark und von Bedeutung gewesen.

* * *

Mein erstes Erlebnis mit Alkohol hatte ich im Alter von vierzehn Jahren. In unserer Schulklasse übten wir ein Theaterstück ein. In diesem kamen mehrere Räuber vor, wobei eine dieser Rollen an mich ging. Und wie halt eben die Räuber so sind, sie versammelten sich heimlich in einem Wald, aßen und tranken dort, was das Zeug hielt, kannten weder Gesetz noch Moral, sondern lebten so, wie es ihnen gerade passte. Einer von uns Räubern spielte innerhalb dieses Theaterstückes auf seiner Ziehharmonika einige rassige Weisen, andere tanzten so voller Inbrunst auf der Bühne herum, als wären sie von der Tarantel gestochen, und ich meinerseits war derjenige, der sich vor allem dem Wein hingab.

Mit dabei bei jeder Probe war auch eine Siebendeziliter-Weinflasche. Sie stand jeweils auf einem Tisch, wenn auch nur zur Zierde. Es war ja nicht die Absicht unseres Lehrers, dass wir Räuber echten Wein tranken. So wurde diese Flasche nach jeder Probe wieder an ihrem entsprechenden Ort versorgt und vor jeder Probe auf den jeweiligen Tisch gestellt. Wie schön sie mich doch anlächelte, die hübsche Weinflasche! Und so kam der Tag, an dem ich es ernst meinte mit ihr. Ich nahm einen Korkenzieher, der Bestandteil meines Schweizer Sackmessers war, zur

Hand, öffnete sie und trank zum ersten Mal in meinem Leben einen guten Tropfen Wein.

Dies passierte an einem Vormittag während der letzten Schulstunde. Jedes Mal, wenn der Lehrer sich zur Wandtafel drehte und etwas darauf schrieb, nahm ich schnell die Weinflasche hervor und genehmigte mir einen kräftigen Schluck. Selbstverständlich blieb auch das leise Kichern meiner Mitschüler nicht aus. Ich war nun der Star unter ihnen. Endlich hatte der eher schwache und oftmals belächelte Jakob bewiesen, dass auch er zu etwas taugte. Die Blicke, die mir zugeworfen wurden, zeigten mir, dass ich die Mutprobe bestanden hatte.

Immer deutlicher konnte man nun das Kichern meiner Klassenkameraden vernehmen. Nun drehte sich unser Lehrer um, denn auch für ihn war klar, dass da irgendein Streich ablief. Doch er kam zu spät. Ich hatte die Weinflasche bereits wieder unter der Schulbank versteckt. Er drehte sich wieder zur Wandtafel, und ich genehmigte mir sofort wieder den nächsten Schluck. Der Wein mundete mir zwar nicht besonders, aber die Blicke meiner gleichaltrigen Kollegen ermutigten mich, dennoch auf diesem nun eingeschlagenen Weg entsprechend weiterzugehen. Nun war endlich der Zeitpunkt gekommen, wo der wahre Jakob Wampfler sich von allen bisherigen Fesseln befreite! Ich wollte nun auch mal jemand sein! Die Leute sollten jetzt mal sehen, wozu ich wirklich fähig war!

Inzwischen war die Schule aus, und ich genoss es, wie die anderen Mitschüler mich lobten. Einige klopften mir ermutigend auf die Schultern oder brachten ihre Anerkennung mit Worten zum Ausdruck. Ziemlich selten hatte ich dermaßen viel Stolz in meiner Brust, als ich mich an diesem Mittag nach Hause aufmachte. Dennoch fühlte ich mich von Schritt zu Schritt übler, und meine Gangart war nun plötzlich auch nicht mehr die sicherste. Daheim angekommen sagte ich zu meiner Mutter: «Mir ist speiübel, ich lege mich ins Bett!» Ihre Frage nach dem Grund meines Unwohlseins beantwortete ich gar nicht mehr. Was wirklich an diesem Tag bei uns in der Schule abgelaufen war, erfuhr meine Mutter durch Postkunden unseres Dorfes. Sie waren aufgrund der Schilderungen meiner Mitschüler entsprechend aufgeklärt worden. Ab sofort war ich somit für längere Zeit das Dorfgespräch.

> **Kaum ein junger Mann war dermaßen unschlüssig und unsicher, wie ich es damals war.**

Die Zeit, in der man mir für meinen damaligen Trinkermut gehuldigt hatte, war längst vorbei. Ganze drei Jahre waren inzwischen vergangen. Unterdessen hatte ich wieder in vielen anderen Bereichen meines Lebens kläglich versagt. Ich konnte mich weder für einen entsprechenden Beruf entscheiden, noch genau erklären, wo meine Fähigkeiten und Interessen lagen. Kaum ein junger

Mann war dermaßen unschlüssig und unsicher, wie ich es damals war. Alle meine damaligen Mitschüler hatten bereits erfolgreich eine Ausbildung gestartet. Ich jedoch hatte zwar eine Handelsschule begonnen, diese aber nach wenigen Monaten wieder abgebrochen, da es mir einfach nicht gelang, die französische Sprache zu erlernen. Irgendwie wollte mir diese Sache, obwohl ich sonst nicht zu den schlechtesten Schülern zählte, einfach nicht in den Kopf. Und so fühlte ich mich aufgrund verschiedener Umstände erneut als Versager. In mir machte sich zunehmend ein Selbsthass breit, den ich am liebsten an der tiefsten Stelle des Meeres ertränkt hätte. Wobei mir natürlich klar war, dass ich dazu nicht per Schiff zu dieser Stelle fahren musste, da es ja an allen Ecken Wirtshäuser gab, wo man diese Ertränkungsmaßnahmen ebenfalls praktizieren konnte.

Immer mehr begann ich mich zu hassen und teilte allen mit, dass ich ja sowieso nur «s dümmscht Arschloch uf Gottes Ärdbode»[4] bin. Mit diesem einen Satz, den ich immer und überall über mich sagte, verfluchte ich mich buchstäblich selbst. Je mehr ich solche negative Worte über mich aussprach, umso mehr glaubte ich ihnen. Heute denke ich oftmals an das eine Wort aus der Bibel, wo Jesus sagte: «Dir geschehe so, wie du geglaubt hast» (Matthäus 8,13). Wiederum ein anderes Bibelwort lehrt, dass wir «mit den Folgen unserer Worte leben müssen» beziehungsweise unsere Worte sogar «die Macht haben,

---

[4] Das dümmste Arschloch auf Gottes Erdboden.

über Leben und Tod zu entscheiden» (Sprüche 18,20–21). Rückblickend muss ich sagen, dass meine damals leichtfertig ausgesprochenen Flüche und Lügen über mich selber sich leider in der Folge bewahrheitet haben.

* * *

Mein zweites Alkoholerlebnis hatte ich mit siebzehn. Da ich im Bereich der Ausbildung chancenlos dastand, arbeitete ich zu diesem Zeitpunkt im Skiliftrestaurant der Wiriehornbahnen als Küchengehilfe. Die Arbeit war nicht besonders anspruchsvoll, und ich kam mir unterfordert vor. Welchen Sinn sollte das Leben haben, wenn man nur Brote schmiert, Salate zubereitet, die Kloschüsseln reinigt oder den Boden aufwischt? Diese Fragen beschäftigten mich zu dieser Zeit sehr, denn ich wollte doch in meinen jungen Jahren – genau gleich wie meine damaligen Kollegen – auch endlich eine Karriere machen.

Als wieder einmal der verdiente Feierabend da war, beschlossen einige Mitarbeiter und ich, uns noch einen kleinen Trunk zu genehmigen. Dabei tauschten wir uns über dieses und jenes aus, und die Zeit rückte dabei immer weiter vor. «Frölein, no äs Biär!»[5], rief ich der Bedienung zu. Das war dann bereits meine zweite Flasche. Eine dritte und eine vierte folgten noch nach. Insgesamt trank ich rund drei Liter Bier an diesem Abend. Je mehr ich trank, desto besser fühlte ich mich. Ich begann nun auch sehr freimü-

---

[5] «Fräulein, bringen Sie mir noch ein Bier!»

tig zu reden, und in mir löste sich vieles von dem, was sich in der Vergangenheit angestaut hatte. Alle Hemmungen, Ängste, Komplexe und Minderwertigkeitsgefühle vergingen in diesen Augenblicken so schnell wie der Schnee in der Frühlingssonne. Für mich war klar: Jetzt bin ich endlich wieder ein normaler Mensch!

«Sali Housi, hätter diä Alti au no erloubt, i d Beiz z goo?»[6], rief ich fragend einem Mann zu, der soeben die Gaststube betrat. Lautes Gelächter erfüllte den Raum. Zu einem anderen Mann, der soeben bezahlt hatte und sich nun anschickte, nach Hause zu seiner Frau zu gehen, sagte ich: «Jetz überchunsch denn umhi iis mit em Chuechetrööli ufe Grind.»[7] Und wieder wurde mein Spruch von lauten Lachsalven begleitet. Ich hatte, vor allem wenn ich genügend trank, immer eine entsprechende Pointe auf Lager.

Zunehmend wurden die Wirtshäuser und Gaststätten mein zweites Zuhause. Hier fühlte ich mich wohl, wurde dabei auch von den anderen angenommen und respektiert und konnte – so glaubte ich es wenigstens – mir meine Sorgen wegspülen. Doch das war letztlich alles ein riesengroßer Trugschluss. Im Grunde genommen lechzte ich nämlich nach nichts anderem als nach Liebe und Annahme.

---

[6] «Hallo Hans, hat dir deine Alte auch erlaubt, in die Spelunke zu gehen?»
[7] Sinngemäße freie Übersetzung: «Wenn du dann zu Hause ankommst, schlägt dir deine Frau mit dem Wallholz eins über die Birne (Kopf).»

Gefühle zwischen Schweizer Jodel und Katzenjammer

Du bist eine dunkle Macht,
du verbreitest Schreck und Nacht,
viel Tränen und viel Grauen,
fragst nicht, ob jung, ob alt,
machst alles starr und kalt,
mit deinen eisern' Klauen.

Der Alkoholkonsum nahm in den folgenden Monaten und Jahren nicht nur bei mir zu Hause fortwährend zu, sondern vor allem auch in den Restaurants, in denen ich gerade zu Gast war. Bei den jeweiligen Wirten war ich sehr beliebt, da der Umsatz enorm anstieg, sobald ich ihre Lokalitäten betrat. Ganz besonders lustig und fröhlich ging es dann zu, wenn ich jeweils einen echten Schweizer Jodel anstimmte. Oftmals wurde mir im Anschluss daran von verschiedenen Leuten Wein und Bier in großen Mengen spendiert.

Ich erinnere mich noch gut daran, wie ich eines Abends die Lacher auf meiner Seite hatte, als ich folgenden Witz erzählte:

Ein Mann beichtete einem katholischen Pfarrer seine Sünden: «Hochwürden, ich habe bei meinem Nachbarn ein Schwein gestohlen. Kann mir diese Sünde vergeben werden?» Daraufhin meinte der Pfarrer: «Bete zehn Vaterunser und spende zwanzig Franken, dann ist die Sache in Ordnung.» Der Mann überlegte kurz, nahm seinen Geldbeutel hervor und entnahm ihm sechzig Franken. «Aber das sind ja vierzig zu viel», meinte der Pfarrer. «Das stimmt, Hochwürden, aber da es nirgends so günstiges Fleisch gibt, habe ich beschlossen, dem Nachbarn gleich noch zwei weitere Schweine zu stehlen.»

In mir entwickelte sich mehr denn je ein tiefer Hass auf den Alkohol, und trotzdem war ich ihm völlig verfallen.

Einmal mehr erntete ich lautes Gelächter. Oftmals erzählte ich ganze drei Stunden lang Witze am Laufmeter. So wurde ich bei meinen Kumpels immer beliebter. Die damit verbundene feuchte Fröhlichkeit war für mich diejenige Form, wie ich wahre Liebe und Annahme zu erhalten versuchte. Sobald jedoch der gesellige Abend vorüber war und ich wieder ganz allein in meinem Zimmer war, überkam mich jeweils eine tiefe Niedergeschlagenheit. In solchen Augenblicken grübelte ich oftmals unter Tränen über den Sinn meines Daseins nach. Unmittelbar standen mir in solchen Augenblicken wieder die nackten Tatsachen der Realität vor Augen: abgebrochene Berufsausbildung, angeschlagene Gesundheit, meine völlig verzweifelte und hilflose Familie sowie diese grundsätzliche Leere, die ich jedes Mal empfand, wenn ich aus dem Wirtshaus hinaustrat, und die sich selbst mit zehn Liter Bier nicht auffüllen ließ. Und überhaupt: Wer war ich schon? Sollte mein Leben wirklich nur darin bestehen, den anderen Leuten den Dreck wegzuräumen, die Tische und die WC-Schüsseln zu putzen, selber aber immer tiefer in den eigenen Dreck hineinzurutschen? Nein, das konnte und durfte nicht der Sinn meines Lebens sein!

Der Gang zur nächstbesten Spelunke, wo ich meine Sorgen in mehreren Gläsern zu ertränken versuchte, war nun eine beschlossene Sache …

Je mehr ich über solchen Gedanken brütete, umso mehr spielten meine Gefühle Achterbahn mit mir. Ich wusste nicht mehr, was vorn und was hinten war. Mehr denn je verlor ich den klaren Überblick. Absolut problematisch war die Tatsache, dass jedes Mal, wenn ich einen guten Vorsatz fasste, ich diesen kurz danach wieder mit alkoholischen Getränken wegspülte. In mir entwickelte sich mehr denn je ein tiefer Hass auf den Alkohol, und trotzdem war ich ihm völlig verfallen. Ach du Scheiße! Dann halt eben nicht! Der Gang zur nächstbesten Spelunke, wo ich meine Sorgen in mehreren Gläsern zu ertränken versuchte, war nun eine beschlossene Sache …

Mein Verhalten zeigte auch Auswirkungen am Arbeitsplatz, wo ich immer mehr unter Alkoholeinfluss stand, da ich mir auch dort verschiedene alkoholische Getränke genehmigte. Zunehmend machte sich in mir der Gedanke breit, dass es nicht unbedingt die sinnvollste Sache für mich war, in diesem Restaurant zu arbeiten. Ich war an so einem Arbeitsplatz ja direkt an die «flüssige Quelle» angeschlossen. Schließlich kündigte ich, aber auch das war keine Lösung.

Das Jahr 1978

*Es kullert voll Schmerz
die Träne so schwer,
sie kommt aus dem Herz,
das Auge ist leer.*

Meine Eltern waren über meinen mutigen Schritt, meine damalige Anstellung aufzugeben, sehr erleichtert. Dennoch löste dies meine Alkoholprobleme in keiner Weise. Ich nahm dieses Laster, auch wenn ich nun nicht mehr tagtäglich von Schnaps-, Wein- und Bierflaschen umgeben war, dennoch mit in meine weitere Zukunft.

Mein Vater machte mir in den folgenden Tagen den Vorschlag, bei ihm auf der Poststelle den einen oder anderen Dienst zu verrichten. «Einen Lohn kann ich dir allerdings nicht bezahlen», meinte er, «und deshalb wäre es vielleicht doch klüger, wenn du eine andere Tätigkeit wählen würdest.» Er machte eine kurze Pause, stützte sein Kinn auf die rechte Handfläche und sagte langsam und nachdenklich: «Ich hätte da noch eine Idee. In unserer weiteren Verwandtschaft gibt es noch einen Mann, der einen Schreinereibetrieb leitet. Ich werde ihm wohl am besten gleich telefonieren und ihn fragen, ob sich da was machen lässt.»

Endlich tauchte ein neues Licht am Horizont meines Lebens auf. Ich schöpfte wieder Hoffnung und war sehr froh, als dieser Schreiner seine Einwilligung gab, mich bei ihm einzustellen. Das Leben hatte also doch noch gute Seiten. In mir machte sich ein großes Glücksgefühl breit.

Es herrschte eine angenehme Atmosphäre unter den einzelnen Mitarbeitern, und ich wurde sofort herzlich ins Team aufgenommen.

Ich wurde an meinem ersten Arbeitstag mit viel Liebe und Verständnis eingeführt. Jede einzelne Maschine wurde erklärt und sämtliche Zusammenhänge wurden erläutert. Mein Chef sagte: «Wenn du dich bewährst und als zuverlässig erweist, so werde ich dir eine Karriere bei uns ermöglichen.» Er war einer, der an mich glaubte! Dies gab mir neuen Mut, das Alte hinter mir zu lassen und etwas völlig Neues zu starten.

Die ersten Stunden in diesem neuen Betrieb gingen ganz gut. Es herrschte eine angenehme Atmosphäre unter den einzelnen Mitarbeitern, und ich wurde sofort herzlich ins Team aufgenommen. «Schön, dass du nun bei uns arbeitest», meinte ein ebenfalls achtzehnjähriger Mann aus dem Diemtigtal, der seinerzeit gleichzeitig mit mir konfirmiert worden war. Zwischen uns begann an diesem

Tag eine Freundschaft, die bis heute anhält. Während der ganzen Zeit, in der ich in diesem Betrieb arbeitete, wurde er für mich zu einem Vorbild. Wir führten regelmäßig fruchtbare Diskussionen. Er war wirklich ein echter Ermutiger und Förderer.

Mehrere Tage lang lief wirklich alles gut. Eines Abends kehrte ich jedoch im Anschluss an die Arbeit in einem nahe gelegenen Gasthaus ein. Fast explosionsartig waren die alten Mechanismen wieder da. Ich bestellte mir Weißwein und begann, den dort anwesenden Gästen meinen ersten Witz zu erzählen:

Eines Tages rief ein Gast zur Bedienung in voller Lautstärke: «Bitte bezahlen!» Sofort tauchte ein Fräulein auf und sagte: «Dreimal sieben, das macht einundzwanzig, und das wiederum macht eins zwanzig für Sie.» – «Hoho!», schmunzelte der Gast, «Sie sind ja geradezu eine Weltmeisterin im Rechnen.» Stolz antwortete die junge Dame: «Jaja, es lehrt einen, wenn man Abend für Abend ein Defizit in der Kasse hat.»

Die nun folgenden Lachsalven ließen die Gaststube buchstäblich erzittern. Ein bereits leicht angetrunkener Kollege rief der Bedienung zu: «Fräulein, machen Sie mir bitte auch eine solche günstige Rechnung; erst aber bringen Sie jedem einzelnen noch einen Kübel Bier!»

Die Stimmung nahm immer mehr zu. Einer fragte mich: «Köbu,[8] trägst du eigentlich nie eine Krawatte?» Ganz spontan konterte ich: «Warum sollte ich auch? Bei

---
[8] Berndeutsch für «Jakob».

mir sieht man auch ohne einen solchen Kälberstrick, was vorne und was hinten ist.» Erneut brachen die Leute in schallendes Gelächter aus. Endlich war ich wieder einmal der Star und nicht nur eine einfache Hilfskraft.

Da es mir in diesem Wirtshaus sehr gut gefiel, nahm ich mir vor, ab sofort dort auch meine freie Mittagszeit zu verbringen. Allerdings nicht, um etwas Feines oder Nahrhaftes zu essen, sondern um meine obligaten fünf Gläser mit schnapshaltigem Kaffee in mich hineinzuschütten. Oftmals traf ich im Anschluss an die Mittagspause ziemlich angeheitert wieder am Arbeitsplatz ein. Meine Konzentration, die in diesem Umfeld, das ein hohes Verantwortungsbewusstsein erforderte, vonnöten war, ließ deutlich nach. So konnte und durfte es einfach nicht mehr weitergehen! Als ich dann aufgrund einer längeren Krankheit, die ebenfalls mit meinem übermäßigen Alkoholkonsum im Zusammenhang stand, ganze vierzehn Tage lang nicht mehr zur Arbeit gehen konnte, offenbarte mir mein Chef kurzerhand, dass ich überhaupt nicht mehr erscheinen müsse. Einmal mehr hatte ich kläglich versagt.

Nun waren meine Eltern mit ihrer Weisheit endgültig am Ende. Wer um alles in der Welt konnte da noch helfen? Es war schon fast ein sinnloses Unterfangen. Plötzlich jedoch kam ihnen eine Idee. Man könnte ja noch den örtlichen Pfarrer hinzuziehen. Vielleicht würde er ja noch einen Rat wissen …

Tatsächlich kannte der Pfarrer die Adresse eines Psychiaters in Thun. «Der wird mit Bestimmtheit einen

Ausweg wissen», meinte er. Und so besuchte ich diesen eines Tages in Begleitung meiner Mutter.

«Grüß Gott, Herr Psychiater», begrüßte ich ihn.

«Guten Tag, Herr Wampfler», sagte er, «was kann ich für Sie tun?»

Ich erzählte freimütig all das, was mir gerade so auf dem Herzen lag. Wie gut es doch tat, sich endlich einmal alles von der Seele reden zu können.

«Herr Wampfler, ist es wirklich Ihre ehrliche Absicht, aus diesem ganzen Schlamassel herauszukommen?», fragte mich der Psychiater, nachdem ich ihm meine ganze Geschichte zu Ende erzählt hatte. Ich dachte erst, ich hätte mich verhört. Was sollte so eine blöde Frage?

«Natürlich will ich, dass mir geholfen wird», reagierte ich unwirsch. «Wie können Sie nur auf so einen abstrusen Gedanken kommen?»

Ich war über diese Frage richtig aufgebracht und hätte diesem Psychofritzen am liebsten meine Faust ins Gesicht geschlagen. «So ein Blödsinn!», dachte ich bei mir selbst. «Dieser Typ ist ja selber irre.»

Während ich noch meinen von Zorn erfüllten Gedanken nachhing, hörte ich bereits seine Reaktion auf meine letzten Worte: «Wissen Sie, Herr Wampfler, längst nicht alle, die zu mir in die Behandlung kommen, wollen wirklich gesund werden. Ich frage Sie deshalb noch einmal: Sind Sie wirklich bereit, Ihr ganzes Leben überprüfen und verändern zu lassen? Wollen Sie wirklich einen echten Neuanfang wagen? Und sind Sie bereit, alles auf eine Karte zu setzen?»

So war das also gemeint! Diesmal reagierte ich nicht mehr so heftig. Eine ganze Weile lang sagte von uns nun keiner mehr ein Wort. Der Psychiater, meine Mutter und ich – wir alle hingen nun unseren Gedanken nach.

«Eine Frage hätte ich jetzt aber doch noch», unterbrach ich plötzlich die Stille. «Ich weiß ja, dass ich wie in einem Teufelskreis drinstecke. Ich möchte diesen ja auch durchbrechen. Aber wie soll man so etwas schaffen, wenn letztlich jeder gute Vorsatz, den man fasst, in einem Fiasko endet? Gibt es hier wirklich Hilfe für mich?»

In der Folge wurden die Nächte immer unruhiger. Angstträume überkamen mich, und ich sah furchtbare Fratzen und eigenartige Masken. Es war schrecklich.

Kaum hatte ich diese Frage gestellt, als meine Mutter ihren Stuhl, auf dem sie saß, näher zu mir hinrückte, mir ihre warme Hand auf meine Schulter legte und in einer ermutigend lieblichen Weise, die mir durch Mark und Bein ging, sagte: «Mein lieber Jakob, ich glaube noch immer an dich. Gemeinsam werden wir es schaffen!»

Angesichts dieser eindrücklichen Szene zeigte sich nun auch der Psychiater sehr begeistert: «Bei einer solchen lieben Mutter glaube nun auch ich daran, dass wir mit

Ihnen, Herr Wampfler, auf alle Fälle gut ans Ziel kommen werden.» Er holte tief Luft und sagte: «In drei Wochen sehen wir uns wieder hier in meiner Praxis. Hier haben Sie noch ein Rezept für einige Medikamente, die mir im Augenblick noch notwendig erscheinen. Und nun wünsche ich Ihnen und Ihrer Mutter noch eine gute Heimkehr.»

Ich besuchte danach den Psychiater noch einige Male. Irgendwie machten mir die Gespräche bei ihm Mut. Ich schaffte es denn auch, meinen Alkoholkonsum ein wenig zu drosseln. Aber eben nur ein wenig.

* * *

In den folgenden Wochen und Monaten führte ich beruflich ein ziemlich buntes und turbulentes Leben. Es war alles in allem ein ständiges Auf und Ab, was sich letztlich nicht unbedingt als dienlich für mich und meinen Heilungsprozess erwies. Als Erstes wurde mir geraten, während eines dreiwöchigen Schnellkurses in Neuchâtel die französische Sprache besser zu erlernen, was mir aber in keiner Weise von Nutzen war. Als dann der dortige Lehrer mich eines Tages vor der ganzen Klasse fertig machte, nahm ich mir erneut das Recht heraus, mir einen Rausch anzutrinken. Da ich mich dort vereinzelt auch in der Drogenszene aufhielt, kamen nun auch noch Haschisch, Marihuana und andere Suchtmittel dazu. In der Folge wurden die Nächte immer unruhiger. Angstträume überkamen mich, und ich sah furchtbare

Fratzen und eigenartige Masken. Es war schrecklich. Ständig wachte ich schweißgebadet auf. An eine gesunde Nachtruhe war kaum mehr zu denken.

Im Anschluss an meine kurze Zeit in Neuchâtel fand ich einen Job in einem Anthroposophenheim in Ringgenberg. Aber auch diese Anstellung war die reine Überforderung für mich. Schließlich stopfte ich eines Tages eine Überdosis Tabletten in mich hinein und landete in der Folge im Krankenhaus. Danach versuchte ich mich wieder bei der Poststelle, die meine Eltern leiteten, nützlich zu machen. Aber auch das war letztlich keine Lösung.

Vermehrt besuchte ich in der Zwischenzeit wieder meinen Psychiater. Aber auch dieser wusste nicht mehr, in welcher Weise er mir noch würde helfen können. Die einzige Möglichkeit, die ihm blieb, war, mich mit genügend Tabletten zu versorgen. Was ich mit den zwei gefüllten Gläsern respektive mit den zweihundert Tabletten machte, die ich eines Tages von ihm verschrieben bekam, das habe ich ja zu Beginn dieses Buches bereits ausführlich beschrieben.

«Nidle, Miuchgaffee u Züpfe»[9]

Die Flocken fallen sacht
vom Himmelszelt,
dunkel ist die Nacht,
so leer die Welt.

Das Jahr 1978 neigte sich dem Ende entgegen. Inzwischen war es Advent. Bei uns im Diemtigtal war dies eine ganz besondere Zeit. Die Lichter, die am Abend aus den Häusern schienen und die weiße Schneedecke beleuchteten, luden jeden ein, der sich noch draußen in der winterlichen Kälte aufhielt, sich in eine warme Wohnstube zu begeben. Es gab kaum etwas Schöneres, als aus dieser oftmals eisigen Kälte, die an manchen Dezemberabenden herrschte, in die Wärme eines so hell beleuchteten Hauses einzutreten.

Bei uns lag nicht nur auf unserem Haus, sondern vielmehr über dem ganzen verschneiten Bergtal während dieser Zeit eine spezielle Atmosphäre. Irgendwie schien während der Advents- und Weihnachtstage eine Art Friede nicht nur die Häuser, sondern auch die dort lebenden Menschen so richtig einzulullen. Selbst die Tiere in ihren Ställen – so schien es jedenfalls – waren davon betroffen.

---

[9] Schlagsahne, Milchkaffee und Butterzopf (geflochtenes Hefegebäck).

Auch bei uns zu Hause überwog in diesen Tagen jeweils eine ganz andere Stimmung. Es wurde längst nicht mehr so laut gesprochen wie zu anderen Zeiten des Jahres; der Vater schimpfte deutlich weniger, sondern sang vielmehr am Abend zusammen mit uns allen Weihnachtslieder unter dem Tannenbaum; meine beiden Geschwister Annarös und Klaus warteten voller Erwartung auf die Geschenke, die ihnen bald einmal ausgehändigt würden, und ich selber spülte in solchen Tagen keinen einzigen Schluck Alkohol meine Kehle hinunter. Zu heilig war die Stimmung, die sich im Advent bei uns ausbreitete. Dazu kam auch noch dieser angenehme Duft von verschiedenen Weihnachtsgebäcken, von Zimt oder von frischem grünem Tannenreisig.

Etwas, was für mich bis dahin noch verborgen gewesen war, ließ in mir eine tiefe Sehnsucht aufsteigen.

Es mag vielleicht den einen oder anderen Leser erstaunen, dass ich während dieser Tage überhaupt nichts trank. Ich habe mich ja selber schon gefragt, was genau der Grund dafür sein mochte. War es möglicherweise eine buchstäblich in die Wiege gelegte Gottesfurcht, die jeweils während der Weihnachtszeit über mich kam? Ahnte ich vielleicht während dieser Tage, dass es neben der realen sichtbaren Welt auch noch eine für mich unsichtbare Dimension geben würde? Etwas, was für mich bis dahin noch verborgen gewesen war, ließ in mir eine tiefe Sehnsucht aufsteigen. «Friede auf Erden» wäre ja auch mein Wunsch gewesen. Aber gab es so etwas überhaupt? Waren alle diese Gefühle rund um Weihnachten nur ein Trugschluss? Oder steckte vielleicht doch mehr dahinter?

Andererseits frage ich mich, ob hinter diesem Fest vielleicht nicht doch mehr Sinn steckt als nur Kerzenschein, «O du fröhliche ...», dick gefüllte Bäuche oder Erdnüsse.

Bei uns im Diemtigtal war es zu dieser Zeit allgemein üblich, an Weihnachten keine üppigen Mahlzeiten aufzutischen. Es gab somit kaum irgendwo eine fette Weihnachtsgans oder einen schmackhaften Braten mit vielen Zutaten. In unserer Familie war es von alters her Tradition, am Heiligabend «Nidle, Miuchgaffee u Züpfe» aufzustellen. Als ich älter wurde, erweiterte der Vater diese Tradition, indem er die doch recht einfache Mahlzeit mit würzigem Bergkäse ergänzte.

* * *

Wenn ich heute – inzwischen ein Mittvierziger – an diese damaligen Weihnachtszeiten zurückdenke, so überkommt mich oftmals ein Gefühl der romantischen Nostalgie. Andererseits frage ich mich, ob hinter diesem Fest vielleicht nicht doch mehr Sinn steckt als nur Kerzenschein, «O du fröhliche …», dick gefüllte Bäuche oder Erdnüsse.

Bei der Blaukreuzmusik Bern, wo ich seit einigen Jahren als Fahnenträger amtiere, sehen wir rund um Weihnachten auch die Möglichkeit, anderen Menschen mit Musik eine Freude zu bereiten. Etliche von denen, die bei uns mitmusizieren, sind ehemalige Trinker, die in der Blaukreuzarbeit mit dem christlichen Glauben konfrontiert worden sind und dort eine neue Lebensperspektive erhalten haben. Wenn Advent und Weihnachten näher rücken, so ist für uns jeweils die Zeit gekommen, auch diejenigen Menschen mit Musik zu erfreuen, die diese schöne Kunst gar nicht verstehen können: die Gehörlosen. Ein rein rational denkender Mensch wird sagen, dass ein Brassbandkonzert vor solchen Leuten, die ja nichts hören, lauter Unfug und somit reine Zeitverschwendung sei. Wir von der Blaukreuzmusik Bern haben hier allerdings ganz andere Erfahrungen gemacht.

Fast alle, die bei uns mitspielen, sind sich einig: «Das alljährliche Konzert bei den Gehörlosen ist jedes Mal das schönste.» Und es stimmt: Wer anderen eine Freude bereitet, der wird dadurch ebenfalls beschenkt. – Wenn jeweils am Schluss der rund einstündigen Veranstaltung das letzte Musikstück erklingt, so ist auf den Gesichtern der Gehörlosen eine fast unbeschreibliche Freude zu sehen. Diese Dankbarkeit, welche die Taubstummen uns entgegenbringen, ist absolut umwerfend. Wir, die ihnen mit unserer Musik und unserer Anwesenheit gedient haben, sind jedoch nicht weniger glücklich.

Weihnachten – ein Fest der Freude! Heute freue ich mich jeweils auf diese Zeit, aber damals, als ich noch keine zwanzig Jahre alt war, erlebte ich zwar einige angenehme Gefühle rund um dieses Fest – die wahre Bedeutung lernte ich aber erst später kennen.

Noch weiter abwärts

*Die Sonne scheint
mit warmem Licht.
Ich aber weine
und spüre es nicht.*

Die guten Vorsätze, die besonders die Advents- und Weihnachtszeit prägten, wurden in der Silvesternacht noch einmal verstärkt. Sie hielten im neuen Jahr jedoch nicht länger als drei Wochen an. Dann nämlich kam der Tag, an dem ich mich über eine kleine Bagatelle ärgerte. Ich nahm diese zum Anlass, jetzt wieder Alkohol trinken zu dürfen. So stieg ich in unseren Keller hinunter und stahl dort eine Flasche Wein, die eigentlich meinem Vater gehörte. Mit dieser zog ich mich dann auf den Dachboden zurück, wo ich mich versteckte. In kürzester Zeit war sie leer. Bereits am nächsten Tag verbrachte ich wieder mehrere Stunden in einzelnen Gaststätten und kam meistens erst spät in der Nacht wieder torkelnd nach Hause.

Zunehmend wurde es wieder schlimmer mit mir. Hinzu kamen nun auch verstärkt die Magenprobleme, die mich schon seit längerer Zeit plagten. Es dauerte nicht lange, bis ich deswegen unseren Hausarzt aufsuchen musste. «Das ist vom Saufen!», ermahnte er mich. «Aber vielleicht gibt es ja doch noch einen schwachen Hoffnungsschimmer für

Sie», meinte er weiter. «Es gibt jetzt nämlich eine neue Tablette, mit der wir innerhalb von nur zwanzig Tagen Ihr Problem behandeln können.»

Ich horchte auf. Nur zwanzig Tage? Sollte es möglich sein, dass man meine Alkoholsucht ausschließlich auf medikamentöser Ebene in so kurzer Zeit kurieren konnte? Und das nur mit einer bestimmten Tablette. Das wäre ja echt ein Wunder!

Ich hörte im Geiste bereits das Totenglöckchen läuten, als ich die zwanzig gefährlichen Tabletten zum Munde führte und mit Bier und Wein gründlich hinunterspülte.

Der Arzt redete weiter: «Sie müssen mir aber versprechen, Herr Wampfler, dass Sie während dieser ganzen Zeit pro Tag *nur eine einzige* Tablette zu sich nehmen und *auf alle Fälle* hundertprozentig auf jede Form von Alkoholgenuss verzichten. Wenn Sie diese Regeln nicht genauestens befolgen, wird es äußerst gefährlich für Sie. Haben Sie dies alles verstanden?»

Ich nickte und lächelte verschmitzt. Innerlich jedoch dachte ich: Genau das ist es, was ich brauche. Wenn der unvorsichtige Konsum dieser Tabletten dermaßen gefährlich sein sollte, so würde dies für mich *die* Gelegenheit sein, mein schon lange geplantes Vorhaben in die Tat umzusetzen. Ich stimmte allem, was der Arzt mir sagte, mit ganzem Herzen zu und wartete sehnsüchtig darauf, dass er mir diese zwanzig alles entscheidenden Tabletten aushändigte.

Wenige Minuten später betrat ich das *Gasthaus zum Bären*. Nun war endlich das Ende des Jakob Wampfler gekommen. Ich hörte im Geiste bereits das Totenglöckchen läuten, als ich die zwanzig gefährlichen Tabletten zum Munde führte und mit Bier und Wein gründlich hinunterspülte. So, jetzt würde es bestimmt nicht mehr lange dauern. Ich beschloss, das Wirtshaus zu verlassen und mich irgendwo zu verstecken, wo mich niemand mehr finden konnte. Dort wollte ich dann die letzten Augenblicke meines Lebens allein verbringen.

Doch soweit kam es erst gar nicht. Ich landete nämlich plötzlich in einem Musikgeschäft. Ich weiß gar nicht, warum ich diesen Laden betrat, aber meine Absicht war, nun – entgegen jeder Vernunft – eine Musikkassette zu kaufen. Ganz offensichtlich fiel dem Verkäufer mein äußerst sonderbares Verhalten auf. Er fragte mich, was genau mit mir los sei, und als ich ihm darauf keine vernünftige Antwort geben konnte, entschloss er sich kurzerhand, mich mit seinem Auto nach Hause zu fahren.

Als mich der Mann bei meinen Eltern ablieferte, konnte ich nur noch etwas von «Tabletten geschluckt» sagen. Danach klappte ich zusammen. Sofort fuhr mich mein Vater mit seinem Auto nach Erlenbach ins Krankenhaus. Dort schaffte man es gerade noch, mir im letzten Augenblick den Magen auszupumpen. Wäre ich eine Stunde später eingeliefert worden, so hätte man mich nicht mehr retten können. Der dortige Arzt, Dr. Matti[10], leistete wirklich gute Arbeit.

In den folgenden Tagen wurde beschlossen, mir gleich noch mein Knie zu operieren. Mit Bestimmtheit hatte man dabei gehofft, dass, wenn man mich gleich hier im Krankenhaus behielt, man mich auf diese Weise vom Alkohol fern halten könnte. Doch da hatten sie – im wahrsten Sinne des Wortes – die Rechnung ohne den Wirt gemacht. Es war nämlich so, dass die Freundin eines Kollegen in einem Früchtekorb regelmäßig Wein zu uns ins Spitalzimmer schmuggelte. Obenauf lagen andere – fürs menschliche Auge sichtbare – leckere Dinge, darunter jedoch waren Weinflaschen versteckt. Und so konnte ich trotzdem ungehindert weitersaufen!

Interessant war nun aber, dass, wenn ich es diesmal tat, bei mir keine künstliche Fröhlichkeit mehr aufkam. Vielmehr endeten diese krankenhausinternen Trinkgelage zwischen meinem Kollegen und mir in einem depressiven Zustand. Möglicherweise stand dies im Zusammenhang mit den Medikamenten, die mir zu dieser Zeit verabreicht wurden. Jedenfalls machte mir das Trinken plötzlich nicht mehr so viel Spaß.

Eines Abends hatte ich die Schnauze voll von dieser elenden Spitalatmosphäre und wollte nach Hause. Mein

---

[10] Von demselben Arzt ist in einem Buch des Autors Jakob Knutti (Titel: Ich, der hinkende Jakob), das ebenfalls in unserem Verlag publiziert wurde, die Rede (siehe auch Werbung im Anhang).

Kollege und ich hatten unsere inzwischen zur Gewohnheit gewordene Trinkfete hinter uns, und er lag bereits schlafend in seinem Bett. Da es schon später als zweiundzwanzig Uhr war, waren alle Haupt- und Nebentüren des Krankenhauses abgeschlossen. Mir blieb also nur eine Möglichkeit, das Weite zu suchen. So öffnete ich das Fenster und plante – ziemlich angeheitert – den Sprung aus dem zweiten Stock.

Sie sah hinunter auf den Rasen und erblickte dort einen halb nackten Mann, der, einzig mit einem Nachthemd bekleidet, verzweifelt um Hilfe schrie.

Als ich wenige Sekunden später unten ankam, erkannte ich, dass man auch trotz 2,5 Promille Alkohol im Blut nicht fliegen kann. Rund eine halbe Stunde später wurde endlich eine Nachtschwester auf mein mörderisches Schreien, das von draußen an ihre Ohren drang, aufmerksam. Sie sah hinunter auf den Rasen und erblickte dort einen halb nackten Mann, der, einzig mit einem Nachthemd bekleidet, verzweifelt um Hilfe schrie. Als ich kurz darauf von Dr. Matti, der gerade eine Spätschicht absolvierte, untersucht wurde, meinte er: «Du bisch jo scho dr dümmscht Siech, wo mir je begegnet isch.»[11] Diesmal zeigte er keinerlei Erbarmen mit mir. Vielmehr war er völlig verärgert über mein leichtsinniges Verhalten. «Schmerzmittel gibt es heute Nacht keine für dich, aber morgen Nachmittag wirst du dann mit dem Ambulanzwagen nach Bern ins Inselspital gebracht und dort operiert werden. Wir besitzen hier bei uns in Erlenbach keine Schlosserei, in der wir einen solchen Mann wie dich wieder zurechtbiegen können.» – Er drehte sich kurz um, und ich hörte, wie er einmal mehr brummelte: «So en blöde Siech!»[12]

Ganz schüchtern wagte ich Dr. Matti zu fragen, was denn ganz genau bei mir operiert werden müsse. Die Antwort darauf war ziemlich ernüchternd: «Sämtliche zehn Zehen, die beiden Fersen sowie die beiden Mittelfußknöchel sind gebrochen. Du hattest das unverdiente Glück, dass deinem Rücken in keiner Weise Schaden zugefügt worden ist. Vor allem aber ist es ein Wunder, dass bei deinem Knie, das wir erst kürzlich operiert haben, keine weiteren Komplikationen aufgetreten sind. So etwas grenzt schon fast an ein Wunder.» Dann drehte er sich um und lief in Richtung Tür. «So, und nun schlaf noch ein wenig!»

Daran war gar nicht zu denken. Die ganze Nacht über brachte ich kein Auge zu, so heftig waren die Schmerzen. Ich hätte diesen Arzt am liebsten verflucht. Warum reichte er mir keine schmerzlindernden Medikamente?

Am nächsten Tag fuhr man mich mit dem Ambulanzwagen nach Bern ins Inselspital. Dort folgte dann eine fünfstün-

---

[11] Sinngemäße Übersetzung: «Du bist ja schon der dümmste Idiot, der mir je begegnet ist!»
[12] «So ein blöder Idiot!»

dige Operation. Insgesamt verbrachte ich anschließend rund zwei Monate dort. Diesmal gab es allerdings keinen Kollegen mehr, der mir auf die eine oder andere Art hätte zu einer guten Flasche Wein verhelfen können. Die ganze Zeit hindurch gab es somit für mich keinen einzigen Tropfen Alkohol zu trinken.

Der einzige wirkliche Lichtblick, den ich während dieser Zeit erleben durfte, war ein Brief meiner Mutter zu meinem neunzehnten Geburtstag. Sie schrieb mir unter anderem folgende Zeilen: «Mein lieber Jakob! Auch nach allem, was in den vergangenen Jahren vorgefallen ist, habe ich dich noch genauso lieb wie damals am 12. Mai 1960, als der Arzt dich mir nach der Kaiserschnittgeburt zum ersten Mal in meine Arme gelegt hat.»

Diese Worte las und las ich damals immer wieder. Sie berührten mein Herz, und ich spürte dabei nicht nur die liebevolle Anteilnahme meiner Mutter, sondern in ganz besonderer Weise auch erstmals etwas von der Liebe Gottes, die ganz real erfahrbar war. Dennoch blieb es bei diesen schönen kurzen Gefühlen, und die Leidenszeit meines Lebens war damit noch lange nicht beendet.

Im Spannungsfeld zwischen Vater und Mutter

Kein verzweifelter Hilfeschrei,
den ich in tiefster Not
aus meiner Kehle würge,
ändert etwas daran.
Es darf nicht sein!

Die Erziehungsmaßnahmen – so wie sie meine Eltern mir gegenüber ausübten – hätten unterschiedlicher kaum sein können. Ich hatte erst heftige Bedenken, ob ich dieses Kapitel überhaupt zur Sprache bringen sollte. Wenn jemand jedoch seine Lebensgeschichte niederschreibt, so will er seinen Lesern damit einen tieferen Einblick in sein eigenes Leben geben. Dazu gehört auch, dass man als Verfasser in aller Offenheit auch die entsprechenden Tatsachen an den Tag legt. Denn der Leser kann nur dann wirklich die wahren Zusammenhänge und die Gefühle eines Autors erfassen und begreifen, wenn er in diese entsprechend eingeführt wird.

Was mich in meiner Jugend zutiefst formte, das war eine gewisse Unsicherheit, die vor allem uns Kinder prägte. Einerseits war da eine äußerst liebevolle Mutter, die sich immer an unserem Ergehen und an unserem Wohlbefinden interessiert zeigte. Andererseits war da aber auch mein Vater, der manchmal das genaue Gegenteil war. Oft überkam mich deswegen in seiner Nähe immer wieder eine gewisse Angst. Dies lag möglicherweise auch an meinem sehr sensiblen Charakter. Ich konnte es kaum ertragen, wenn seine Stimme einmal laut wurde. Es dürfte wohl klar sein, dass bei Kindern längerfristig auch entsprechende Auswirkungen sichtbar werden, wenn sie innerhalb ihrer psychischen Entwicklung einem solch unterschiedlichen Spannungsfeld von elterlichen Einflüssen und Reaktionsweisen ausgesetzt sind.

Auf der anderen Seite hatte mein Vater durchaus auch viele gute Seiten. Wie gerne erinnere ich mich an die gemeinsamen sonntäglichen Bergtouren zurück, die wir als Familie erleben durften. Und ebenso war es immer wieder eine Wohltat für mich, wenn er, mein Bruder und ich zu dritt im Wald arbeiteten und dabei gemeinsam eine Vespermahlzeit zu uns nahmen. Das waren Stunden in der Natur, in denen mein Vater sich oftmals von einer viel angenehmeren Seite zeigte als bei uns zu Hause. Draußen in der Schöpfung war er meistens wie verwandelt.

Wie gerne hätte ich es gehabt, wenn dieser Zustand immer so gewesen wäre. Meine tiefsten Gefühle ihm gegenüber wurden aufgrund dieser doch recht unterschiedlichen Verhaltensweisen immer unsicherer. Einerseits war da der Wunsch in mir, zu einem älteren und erfahreneren Mann aufblicken zu dürfen, andererseits fürchtete ich mich vor seinen lauten Worten, die oftmals ziemlich unbeherrscht geäußert wurden.

Meine Mutter war da ganz anders. Sie besaß eine offene und fröhliche Natur. Gleichzeitig war sie humorvoll und heizte die oftmals kühle Stimmung gerne dann und wann mit einem passenden Witz auf. Sie war auch eine Frau, die bei allen Gelegenheiten, die sich ihr boten, ein Lied sang. Egal, ob in der Küche beim Abwasch, im Garten, beim Bügeln der Wäsche oder beim Wandern – immer wieder sang sie das eine oder andere Lied. Sie kannte unzählige Lieder in- und auswendig. Die Freude am Singen übertrug sie auch auf uns Kinder. Ihre diesbezügliche Fröhlichkeit war einfach ansteckend. Selbst der Gesichtsausdruck meines oftmals gereizten Vaters änderte sich jedes Mal, wenn sie zu singen begann. Ihre schöne Stimme ließ jeglichen Wunsch nach einem x-beliebigen Musikabspielgerät in uns verstummen.

Mit unserer Mutter konnten wir Kinder immer über alles reden. Sie hatte für jeden von uns ein offenes Ohr. Kein Problem war ihr zu groß, um sich nicht die notwendige Zeit dafür einräumen zu können. Egal, ob freudige oder traurige Nachrichten unser Herz beschäftigten – sie war immer für uns da.

In ganz besonderer Weise liebte meine Mutter die Natur. Sie öffnete uns die Augen für die Schönheiten von Gottes Schöpfung, erklärte uns jede einzelne Pflanze, jede Staude, jede Beere und jedes Tier. Selbst auf die kleinsten Details wies sie uns mit aller Genauigkeit hin. Auf diese Weise lernten Annarös, Klaus und ich schon früh auch die kleinen Dinge des Lebens zu schätzen.

Ein besonderer Charakterzug meiner Mutter war ihre Gastfreundschaft. Wir Kinder konnten jederzeit jemanden zu uns nach Hause einladen. Immer gab es auch für andere kleine Erdenbürger etwas zu naschen. Jedem Besuch, ob Kind oder ob Erwachsener, wurde immer viel Liebe entgegengebracht. Einst sagte ein Mann, dessen Lebensgeschichte nicht gerade sorgenlos verlaufen war, zu mir: «Wenn ich eine solche Mutter gehabt hätte wie du, dann wäre ich auch nicht so übel geraten.» Sie gab uns Kindern wirklich eine geballte Ladung an Liebe mit auf den Weg.

Niemals hätte sie es gewagt, irgendjemandem von uns ihren Glauben aufzudrängen.

Meine Mutter war zudem eine sehr gottesfürchtige Person, die ihr Leben klar nach christlichen Richtlinien gestaltete. In den jüngeren Jahren wurde sie durch eine Radiosendung des damaligen Evangelisten Werner Heukelbach darauf aufmerksam gemacht, dass man als Mensch auch in eine persönliche Beziehung zu Jesus treten kann. Sie nahm diese Botschaft in ihrem Herzen an und änderte ihren bisherigen Lebensstil. Vereinzelt besuchte sie die Gottesdienste in der evangelischen Landeskirche, mehrheitlich jedoch war sie, was die geistliche Speise betraf, eine Selbstversorgerin.

Niemals hätte sie es gewagt, irgendjemandem von uns ihren Glauben aufzudrängen. Wenn es um die praktische

Ausübung ihrer persönlichen Überzeugung ging, so war sie vielmehr eine eher zurückgezogene und stille Beterin. Sie las regelmäßig in der Bibel und bezog darüber hinaus ihre geistliche Nahrung aus einem Andachtsbuch. Von ihrem Glauben erfuhren wir Kinder aber meistens erst dann etwas, wenn wir am Abend bereits in unseren Betten lagen. Dann kam sie jeweils zu uns, um mit uns zu beten und uns zu segnen.

Trotz dieser religiösen Übungen und des Kopierens meiner Mutter änderte sich letztlich nichts bei mir.

Ich bedanke mich hier an dieser Stelle im Namen vieler Söhne und Töchter für derartige Mütter. Es ist ein großes Geschenk, solch liebevolle Menschen im Hintergrund zu wissen. Was wäre ich, Jakob Wampfler, ohne so eine liebende und segnende Mutter? Ich verdanke ihr sehr vieles. Das soll hier und heute einmal mit aller Deutlichkeit festgehalten werden.

Meine Mutter hinterließ in meinen Leben Spuren, die ich anfänglich gar nicht wahrnahm. Wenn ich heute auf mein Leben zurückblicke, so erinnere ich mich daran, wie ich im Alter von zehn bis zwölf immer wieder viel Ehrfurcht vor Gott und der Bibel hatte. Ich hatte in diesen Jahren bereits zweimal die ganze Bibel, das sind 66

Bücher mit insgesamt 1189 Kapiteln, vollständig durchgelesen. Da war ganz offensichtlich eine gewisse Form von Religiosität bei mir vorhanden. Oft war es so, dass ich kurz vor dem Mittagsmahl noch das eine oder andere Kapitel las und im Anschluss an die Mahlzeit gleich nochmals einige Kapitel. Aber warum tat ich das? Ich spürte, dass ich wie zwei Stimmen in mir hatte, die mich unterschiedlich zu beeinflussen versuchten. Ich, der pubertierende Jüngling, wurde von ganz verschiedenartigen Gefühlen heimgesucht. Auf der einen Seite war ich alles andere als ein braver Junge. Es gab Tage, da trieb ich vor allem meinen Vater fast bis zur Weißglut. Oder ich machte nicht das, was man mir befahl. Um jeweils mein Gewissen, das mich innerlich oft anklagte, wieder zu beruhigen, nahm ich deshalb immer die Bibel hervor und las in ihr. Egal, ob ich den Inhalt des Gelesenen verstand oder nicht – ich las, las und las. Je mehr ich las, desto mehr hatte ich anfänglich den Eindruck, wieder ein reines Gewissen vor Gott haben zu dürfen. Doch der Zeitpunkt kam, wo selbst diese Eindrücke sich als Trugschlüsse erwiesen. Also steigerte ich das Bibellesen und las noch mehr. Doch trotz dieser religiösen Übungen und des Kopierens meiner Mutter änderte sich letztlich nichts bei mir.

Der Tag kam (wie konnte es anders sein), an dem ich meine ganze damalige religiöse Überzeugung über Bord warf. Ich hatte es selbst mit dem Bibellesen nicht geschafft, mir das neue Leben zu ertrotzen. Die Bibel war mir zwar über mehrere Jahre hinweg in einem gewissen

Sinne eine Art Krücke gewesen; jetzt aber, wo ich diese nicht mehr hatte, musste halt eine andere her. Und diese war nun der Alkohol.

In der psychiatrischen Klinik

Wenn die Kälte dieser Welt
mich grausam zu ersticken droht,
wenn kein Stern die Nacht erhellt,
dann schreie ich zu dir, o Gott!

Noch immer lag ich im Inselspital in Bern. Ich las die Zeilen meiner Mutter mehrmals wieder: «Auch nach allem, was in den vergangenen Jahren vorgefallen ist, habe ich dich noch genauso lieb wie damals.» – Es war so ermutigend zu wissen, dass es wenigstens einen Menschen auf dieser Welt gab, der an mich glaubte und der mich von ganzem Herzen liebte. Sicher liebten mein Vater, meine Schwester und mein Bruder mich auch; aber es waren diese Zeilen, die mich besonders berührten, während ich nun – beide Beine eingegipst – auf dem Spitalbett lag.

Eigentlich hätte mich diese Tatsache ja glücklich stimmen müssen, wenn da nicht immer wieder dieses «Aber …» aufgetaucht wäre. «Aber … du bist doch nur ein elender Versager. Aber … du bist nichts wert, denn du hast nicht einmal etwas gelernt», sagte ich zu mir selber. Es waren Gedanken, die meine Seele zu zerstören drohten. Sie drückten mich nieder, stahlen mir den letzten Funken Lebensmut, ließen mich innerlich erzittern und raubten mir jegliche Lebensfreude. Immer tiefer rutschte ich in diese negativen Gedankenstrukturen hinein. «Aber … aus mir wird sowieso nie etwas Rechtes.» Und weiter ging es mit «Aber …» hier und «Aber …» dort. Selbst meine Zimmergenossen nahmen inzwischen wahr, dass bei mir etwas nicht mehr stimmte. «Was ist nur los mit dir, Jakob?», fragte mich einer. «Ach, lass mich einfach in Ruhe», entgegnete ich schroff, obwohl ich ihm eigentlich lieber auf nette Weise geantwortet hätte.

Plötzlich ging die Tür auf. Ein Mann in einer langen weißen Schürze trat ein, stellte sich namentlich vor und sagte: «Herr Wampfler, möchten Sie nicht eine Zeit lang zu uns kommen?»

«Wer ist ‹uns›?», fragte ich diesen Arzt.

«Sie wissen vielleicht, dass sich gleich neben dem Inselspital die Psychiatrische Universitätspoliklinik befindet. Ich bin als Arzt dort angestellt. Inzwischen habe ich mich bereits mit verantwortlichen Leuten aus dem Inselspital über Sie und Ihre Lage unterhalten. Wir sind geschlossen der Meinung, dass ein Klinikaufenthalt für Sie im Augenblick das Beste wäre. Ebenfalls sind wir einmütig der Ansicht, dass Sie mehr als nur körperliche Hilfe benötigen. Ich würde mir deshalb gerne Zeit für Sie nehmen, damit wir die nächsten Schritte besprechen können.»

Ich dachte bei mir selber: «Nützt's nüüt, so schadet's nüüt!»[13] Und so verlegte man mich eines Tages dorthin.

---

[13] Sinngemäße Übersetzung: «Wenn es auch nichts nützt, so schadet es zumindest auch nichts.»

Nun wurden alle möglichen Formen von Therapien an mir ausprobiert.

Als Erstes wurde mir ein Arzt, Dr. Steiner, zugewiesen, der mit mir Einzelgespräche führte. Diese dauerten jeweils fünfundvierzig Minuten. Diese bewirkten bei mir, dass ich mich und meine Lebenssituation mit der Zeit immer klarer und deutlicher erkannte. Zudem wurde ich auch mutiger. Ich wagte immer mehr, mich diesem Arzt gegenüber zu öffnen. Das Vertrauen zu ihm wurde von Tag zu Tag stärker. Diese Art der Gespräche dürfte das Beste gewesen sein, was mir innerhalb dieser Klinik widerfuhr. Dr. Steiner erwies sich als sehr einfühlsame Person mir gegenüber.

Der an den Gruppengesprächen anwesende Arzt hatte es gar nicht mehr nötig, hier mitzudiskutieren. Dies schafften wir, wenn auch in einer äußerst heftigen Weise, selber.

Neben den Einzelgesprächen gab es auch Zeiten, wo wir in Gruppen zusammenkamen. Dort lief es jeweils wieder ein wenig anders ab. So musste beispielsweise jeder von uns lernen, sich den anderen gegenüber mitzuteilen, indem er sagte: «So oder so geht es mir heute.» Meistens entstand bereits nach der dritten oder vierten

Person, die sich äußerte, eine große und rege Diskussion. Ich denke da an eine Begebenheit zurück, wo eine Frau sagte: «Mir geht es schlecht, weil mir in der vergangenen Nacht einmal mehr bewusst geworden ist, wie schlimm es doch ist, wenn man vom eigenen Vater vergewaltigt worden ist.» Ein Mann aus unserer Runde konnte damit gar nichts anfangen. «Das ist doch alles nur Hirngespinst! Hör doch endlich mal mit diesem blöden Gejammer auf und werde endlich einmal normal! Es nützt überhaupt nichts, wenn du dich bis an dein Lebensende bemitleidest.» Und schon war bei uns die Hölle los, weil sich jetzt nämlich eine andere Frau meldete. Sie wiederum warf diesem Mann absolute Lieblosigkeit, ja sogar Frauenhass vor: «Du Schweinehund!», reagierte sie ganz empört, «wie kannst du diese arme Frau nur so fertig machen! Du zeigst weder Herz noch Gefühl diesem missbrauchten Menschen gegenüber. Du hast wahrscheinlich selber negative Erfahrungen mit dem weiblichen Geschlecht gemacht und hast dich inzwischen zu einem Frauenhasser entwickelt. Wisch doch gefälligst erst den Dreck vor deiner eigenen Haustür weg, bevor du so herzlos über andere herziehst!»

Wir, die diesem ganzen Spektakel zusehen mussten, hatten nun das Vorrecht mitzuerleben, wie dieser junge Mann seine Oma auf therapeutische Weise ermordete.

Der an den Gruppengesprächen anwesende Arzt hatte es gar nicht mehr nötig, hier mitzudiskutieren. Dies schafften wir, wenn auch in einer äußerst heftigen Weise, selber. Ihm blieb schlimmstenfalls die Möglichkeit, allfällige Tätlichkeiten zu verhindern. Immer wurde es lauter und lauter. Eine vierte Person streckte die Hand auf und meldete sich: «Darf ich auch noch etwas sagen?», fragte sie schüchtern. «Ach, halt doch die Klappe», meinte ein älterer Mann, «dein Gesäusel kennen wir schon zur Genüge.» Diese Äußerung passte nun wiederum jemand anderem aus unserer Gruppe nicht, und so ging es endlos weiter. Wirklich vernünftige Dialoge waren an solchen Gruppensitzungen eher die Ausnahme.

Auch ich meldete mich eines Morgens, als ich an die Reihe kam, zu Wort: «I ha Ranzewee»,[14] sagte ich mitten in die Runde. «Aber das ist doch kein Thema für unsere Gesprächsrunde», meinte eine Teilnehmerin, worauf der Arzt mit einem abschätzigen Lächeln sagte: «Wenigstens reagiert noch dein Bauch!» Alle lachten. Und damit war die Gruppentherapie an mir beendet. Was mich damals wirklich beschäftigte, begehrten die anderen gar nicht zu wissen.

Eines Tages wurde uns – da die bisherigen Gruppengespräche wohl doch nicht das Gelbe vom Ei gewesen waren – eine ganz besondere Form von Therapie vorgestellt. In der Mitte eines Raumes wurden weiche Matten

---

[14] «Ich habe Bauchschmerzen.»

auf den Boden gelegt. Wir setzten uns darauf und bildeten einen Kreis. Robert[15] wurde aufgefordert, sich allein in die Mitte zu begeben. Die leitende Therapeutin sagte daraufhin zu ihm: «Robert, du hast ja in deiner Kindheit viele traumatische Erlebnisse mit deiner Großmutter gehabt, die dich bis heute verfolgen. Hier gebe ich dir ein Badetuch. Versuche nun, noch einmal weit in deiner Erinnerung zurückzugehen, und stelle dir dabei vor, dass dieses Badetuch deine Großmutter ist.» – Die Therapeutin hatte kaum geendet, als der Kopf von Robert bereits feuerrot anlief. Er fing an, aus Leibeskräften zu schreien, als stünde sein Leben auf dem Spiel. Gleichzeitig nahm er das Badetuch in seine Hände, drehte und drehte es mit aller Kraft herum, so als wäre er gerade dabei, seine leibhaftige Großmutter zu erwürgen. Und wir, die diesem ganzen Spektakel zusehen mussten, hatten nun das Vorrecht mitzuerleben, wie dieser junge Mann seine Oma auf therapeutische Weise ermordete. Letztlich wurde aber auch diese Therapieform wieder aus der Klinik entfernt, da sie weder für Robert noch für andere Teilnehmer von Nutzen war. Bei mir selber löste diese Art der Therapie noch am selben Tag buchstäblich einen Brechreiz aus, und mir wurde elend. Ein weiteres negatives Resultat war, dass ich seither den Glauben an die Psychologen und ihre Hilfsmaßnahmen zu einem großen Teil verloren habe.

* * *

---

[15] Name geändert.

Nach wie vor fühlte ich mich weder angenommen noch unterstützt. Ich war wirklich ein hoffnungsloser Fall. Selbst der mehrmonatige Alkoholentzug, der durch den längeren Aufenthalt im Inselspital in Bern eigentlich für eine Veränderung bei mir hätte sorgen müssen, zeigte keine entsprechenden Auswirkungen. Die Lust am Trinken war mir keineswegs vergangen. Noch während meiner Gips-, Rollstuhl- und Krückenzeit konnte mich nichts daran hindern, mit Leidenskollegen am Abend aus der Klinik zu verschwinden und ins Restaurant Forsthaus zu gehen. Dort trank ich dann jeweils wieder ganz kräftig über meinen Durst hinaus.

Trotz Rückfällen kam nun während meines Aufenthaltes in der Klinik die Frage der Berufsausbildung zur Sprache. Nach einigem Hin und Her entschied ich mich für eine Bäcker/Konditor-Ausbildung. Es waren zwar ganz liebe Leute, die mir die Möglichkeit boten, bei ihnen einen Beruf zu erlernen, und dennoch endete auch dies in einem Fiasko. Der Haken an der ganzen Sache war, dass ich zwar schon in den frühesten Morgenstunden am Arbeitsplatz erscheinen musste, jedoch kurz nach Mittag bereits meine Arbeitszeit beendet war. Was also sollte ich während des Rests des Tages tun? Ich ging somit wieder regelmäßig in die Wirtshäuser und betrank mich dort.

Um es kurz zu machen: Eines Tages landete ich wieder mit drei Promille Alkohol im Blut in der Klinik. Einmal mehr hatte ich versagt! Mein Leben war durch diesen verdammten Alkohol endgültig verwirkt! Und so begann sich der Kreislauf der Therapien von neuem zu drehen.

Dieselben Ratschläge, dieselben Sprüche und dasselbe «Ja, diesmal will ich es wirklich schaffen!»

Schließlich fand ich wieder eine neue Arbeitsstelle. Diesmal bei einer Firma, wo ich Schlüssel stanzte. Denen wollte ich nun endlich mal zeigen, dass auch ich zu großen Leistungen fähig war. Ich arbeitete schneller als jeder andere. «Herr Wampfler, gehen Sie doch die Sache ein wenig normaler, ein wenig ruhiger an», meinte mein Chef. Aber das konnte und wollte ich gar nicht. Die Arbeit war für mich zurzeit wie ein Rausch, ein wahrhafter Ersatz für den Alkohol. Statt der Flucht in diesen, war es nun die Arbeit, mit der ich nicht mehr richtig umzugehen wusste. In der Folge wurde es mit mir immer schlimmer. Ich stand kurz vor einem Nervenzusammenbruch.

Ein Arbeitskollege beobachtete schon seit einiger Zeit mein sonderbares hektisches Verhalten. Eines Tages kam er auf mich zu und sagte: «Hier, diese Tablette wird dir mit Bestimmtheit helfen.» Er streckte mir eine rote Pille entgegen und ergänzte: «Wenn diese nicht nützen sollte, dann wird dir überhaupt nichts und niemand mehr helfen können.» Es war nichts anderes als eine einfache Schmerztablette, die er mir schenkte. Tatsächlich hörten das Zittern und die damit verbundenen kalten Schweißausbrüche auf. Ich konnte daraufhin wieder normal weiterarbeiten.

Am nächsten Tag jedoch war wieder alles so, wie es immer gewesen war: ich war äußerst nervös, arbeitete einmal mehr wie ein Irrer, zitterte innerlich und äußerlich, und auch die kalten Schweißausbrüche waren wieder da. Ich bat meinen Arbeitskollegen um eine weitere Tablette. Dieses Ritual wiederholte sich immer wieder. «Kauf dir doch selbst welche», meinte er eines Tages. Dies tat ich dann auch. Es handelte sich bei der Tablette um ein Schmerzmittel, das man nur in begrenzter Dosierung einnehmen durfte. In den Apotheken bekam man das Medikament nur gegen ein entsprechendes Rezept. Ich fand dennoch Schlupflöcher. Kleinere Mengen wurden nämlich in einigen Apotheken – vielleicht sogar irrtümlich – auch ohne Rezept abgegeben. Und genau diese besorgte ich mir nun regelmäßig. Dieses eigenartige Schmerzmittel, von dem ich mir Heilung erhoffte, machte mich zunehmend abhängig. Gleichzeitig ist zu erwähnen, dass die Wirkung in Verbindung mit Alkohol nicht besonders positive Resultate zeigte.

* * *

Mehr denn je war mir mein Leben verleidet. In meinen Gedanken fasste ich deshalb den Entschluss, mich selber umzubringen. Damit es diesmal aber gelang, musste alles genau geplant werden. Es durfte kein einziger Fehler mehr passieren. Das, was ich mir nun vornahm, war keine Kurzschlusshandlung eines psychisch Gefährdeten, sondern ein gezieltes und äußerst durchdachtes Vorhaben. Mein Ziel war es, eine größere Menge dieser doch recht starken Schmerztabletten über einen gewissen Zeitraum hinweg zu sammeln, um sie dann alle auf einmal zusammen mit viel Alkohol herunterzuspülen. Hundertfünfzig

Tabletten sollten es diesmal sein. Diese Menge würde auf alle Fälle genügen, um meinem Leben ein Ende zu setzen.

Im Rahmen meines Vorhabens plante ich auch gezielt, von meinen Liebsten Abschied zu nehmen. Zu diesem Zweck meldete ich mich eines Tages bei meinen Eltern an. Ich wollte ein ganzes Wochenende mit ihnen sowie mit Annarös und Klaus verbringen. Es war jedoch in keiner Weise meine Absicht, ihnen gegenüber mit Selbstmord zu drohen. Mehr oder weniger fröhlich und aufgestellt wollte ich sein. Niemand sollte durch mein Verhalten belastet oder verunsichert werden.

Und dann kam der Tag, an dem wir uns alle am Familientisch versammelten, gemeinsam aßen, tranken und plauderten. Es war wirklich eine gemütliche Runde. Jeder erzählte gerade mal das, was ihn so beschäftigte, auch wenn es keine großen Probleme waren, die da gewälzt wurden. Als man sich nach meinem Ergehen erkundigte, sagte ich: «Ganz oordeli»,[14] was natürlich gelogen war. Aber ich wollte ihnen gegenüber meinen wahren seelischen Zustand nicht zeigen. Niemand sollte etwas davon merken. Ich wollte nichts anderes, als nur noch dieses eine Wochenende mit ihnen gemeinsam verbringen. Nichts mehr und nichts weniger.

Selbstverständlich wussten alle um meine Alkoholsucht und die damit verbundenen Probleme. In einem so kleinen Dorf wie dem unsrigen bleibt kein Geheimnis lange

---

[16] «Ganz ordentlich», im Sinne von «mehr oder weniger gut».

verborgen. Dennoch hätte weder Vater, Mutter noch eines der Geschwister es gewagt, dieses Thema entsprechend anzuschneiden. Wenn ich jedoch in das Gesicht meiner lieben Mutter blickte, so konnte ich aufgrund ihrer Sorgenfalten sehen, wie sehr sie unter meinem Lebensstil litt. Und auch mein Vater, der sich diesmal sehr vorsichtig äußerte, war weit davon entfernt, mich in irgendeiner Weise zu beschuldigen. Dementsprechend bedacht war seine Wortwahl mir gegenüber.

* * *

Inzwischen war es Sonntagabend geworden. Die Zeit war nun gekommen, wo ich mich wieder aufmachte, um mit der Bahn nach Bern zu fahren. Ich verabschiedete mich von allen.

Während der ganzen Fahrt zerriss es mich innerlich fast. Ich konnte kaum mehr einen vernünftigen Gedanken fassen. Die Gefühle, die ich meinen Liebsten gegenüber hatte, kamen in mir hoch. Nun würden sie mich bald nur noch als Leiche sehen können. Wie würden wohl ihre Reaktionen ausfallen? Welchen Schmerz würde dies bei meiner siebzehnjährigen Schwester und bei meinem zwölfjährigen Bruder hinterlassen? Oder war es vielleicht für meine Familie sogar eine Erleichterung, wenn sie nicht mehr mit meinen Problemen konfrontiert wurde? Ich griff in meine Jackentasche und holte eine Tablette hervor. Irgendwie musste ich ja wieder zur Ruhe kommen.

Statt in die Klinik zurückzugehen, wo ich während dieser Zeit übernachtete, irrte ich die ganze Nacht lang durch die dunklen Gassen der Stadt Bern. Ich war getrieben von einer Macht, die ich nicht kannte und die mich nicht zur Ruhe kommen ließ. Völlig verwirrt irrte ich zwischen einzelnen Häusern umher, überquerte menschenleere nächtliche Straßen und suchte schließlich, als bereits der neue Tag zu dämmern begann, einen geschützten Platz in der Bahnhofunterführung.

Plötzlich klopfte mir ein Mann von hinten auf meine rechte Schulter. Ich drehte mich um und sah einen Fahnder in Zivilkleidung. «Kommen Sie doch bitte mal mit», forderte er mich auf. Er nahm mich mit auf den Polizeiposten, wo er alle meine Personalien aufnahm. Dann fragte er, was ich zu dieser frühen Morgenstunde in der Berner Bahnhofunterführung zu machen habe. Jedes Mal, wenn er meine Antworten in die Tasten seiner alten Schreibmaschine hämmerte respektive wegsah, griff ich wieder in die Jackentasche und holte mir eine weitere Tablette hervor. Und so ging es während einer längeren Zeit immer weiter. Ich weiß nicht mehr genau, wie viele Pillen ich damals an diesem frühen Montagmorgen schluckte, aber plötzlich passierte etwas, was nicht eingeplant war. Mir wurde auf einmal schwarz vor den Augen, und ich kippte von meinem Stuhl. Somit war das Verhör beendet, und als ich einige Stunden später wieder aufwachte, befand ich mich in der Notfallabteilung des Inselspitals.

* * *

«Grüezi, Herr Wampfler, sieht man Sie auch wieder einmal bei uns. Leider sind es nicht gerade die glücklichsten Umstände, die zu diesem Wiedersehen führen», meinte der zuständige Arzt. «Wir haben Ihnen in der Zwischenzeit Ihren Magen ausgepumpt. Das war nun wirklich ein Eingriff in letzter Minute», sagte er. «Ich möchte Sie bitten, künftig derartige Experimente zu unterlassen», ermahnte er mich eindringlich.

Auch diese Worte waren allesamt erstunken und erlogen. Meine wahren inneren Gefühle waren ganz anders. Bei mir selber dachte ich: «Ach, lasst mich doch mit all eurem Scheiß endlich in Ruhe!»

Ich selber dachte: Mag dieser Typ meinetwegen noch lange weiter quatschen – er hat gar keine Ahnung, dass ich noch einen ganz anderen Plan ausgeheckt habe. Die Sache mit den hundertfünfzig Tabletten war ja noch gar nicht passiert. Ein selbstzufriedenes Lächeln huschte kurz über mein Gesicht. Wenn diese wenigen Tabletten mich jetzt schon fast das Leben gekostet hatten, wie würde es dann erst bei dieser anderen großen Menge aussehen!

«Wir werden Sie jetzt wieder in die psychiatrische Poliklinik überweisen müssen», hörte ich plötzlich den Arzt sagen. Wenige Stunden später wurde ich dort wieder eingeliefert.

Was jetzt kam, raubte mir buchstäblich meinen allerletzten Lebenswillen. Bereits beim nächsten Gruppengespräch wurde ich von allen Anwesenden mit Worten niedergemacht. Gute Ratschläge und massive Vorwürfe prasselten nun in bunter Reihenfolge auf mich nieder. «Du hinderst unser Vorankommen, wenn du immer wieder solchen Scheiß machst», meinte eine psychisch angeschlagene Frau. Ein Mann in mittleren Jahren ergänzte: «Mit deinem Verhalten zerstörst du unseren ganzen Heilungsprozess innerhalb unserer Gruppe.» Das war ein weiterer Vorwurf, der nun an meine Adresse gerichtet wurde.

«Es tut mit wirklich aufrichtig Leid», sagte ich, «dass ich euch dermaßen viele Schmerzen zugefügt habe. So wahr ich lebe, ich werde euch heute Morgen bei allem, was mir lieb und heilig ist, versprechen, dass dies nie mehr vorkommen wird. Ihr seid nun alle Zeugen dessen, was ich euch hier versprochen habe. Und ihr werdet nun sehen, dass ich mich auf alle Fälle ändern werde.»

Aber auch diese Worte waren allesamt erstunken und erlogen. Meine wahren inneren Gefühle waren ganz anders. Bei mir selber dachte ich: «Ach, lasst mich doch mit all eurem Scheiß endlich in Ruhe!» Doch das teilte ich niemandem mit. Denn ich hatte ja noch immer diesen einen Plan in meinem Kopf, den ich demnächst in die Tat umsetzen wollte. Die ganze Welt konnte mir gestohlen bleiben! Jawohl, ich würde all meinen Mitmenschen noch zeigen, zu was ich wirklich fähig war.

* * *

Das Gruppengespräch war vorbei, und der Psychiater forderte nun alle auf, sich in ihre Zimmer zurückzuziehen. Als alles ruhig war, stieg ich außen an der Hauswand eine metallene Leiter hinunter, nahm den erstbesten Bus in die Stadt und kaufte in verschiedenen Apotheken etwa hundertfünfzig Stück dieser Schmerztabletten. Da jeweils aufgrund der Rezeptpflicht nur ganz niedrige Mengen ausgehändigt wurden, verbrachte ich den ganzen Rest des Tages damit, mir diese Pillen in der Stadt Bern sowie in einigen Vororten zu beschaffen.

Inzwischen war es Abend geworden. Ich ging nun in Richtung Hauptbahnhof, setzte mich dort in ein Selbstbedienungsrestaurant und spülte alle diese Tabletten mit viel Wein und anderen alkoholischen Getränken runter. So, jetzt waren die letzten Minuten meines Lebens gezählt. So jedenfalls dachte ich.

Eigentlich wäre es meine Absicht gewesen, mich in einer Toilettenzelle einzuschließen und dort die letzten Augenblicke meines Erdendaseins zu verbringen. Aber ich schaffte es gar nicht mehr, mich zu erheben. Die Tabletten, vermischt mit dem vielen Alkohol, zeigten bereits ihre erste Wirkung.

Plötzlich hörte ich eine Stimme, die meinen Vornamen rief: «Jakob!» Ich blickte mich um, sah jedoch niemanden, der mich bewusst angeschaut oder sich für mich interessiert hätte.

Ganz in meiner Nähe sah ich einen kleineren älteren Mann. Ich fragte ihn, wer da soeben nach einem Jakob gerufen habe. «Hier hat gar niemand gerufen», sagte er, sah mich voller Misstrauen an und fragte: «Geht es Ihnen irgendwie schlecht?»

«Nein, bei mir läuft alles nach Plan.»

Ich hatte es kaum gesagt, als ich mein Gleichgewicht verlor und neben meinem Stuhl auf den Boden niedersank. Ich hörte nur noch eine Sirene heulen ...

Drei Fragen und eine einzige Chance

*Sieh an, ein neuer Lebensmorgen
erhellt die dunkle Nacht.
Vergessen wollen wir die Sorgen,
bestaunen wir die Pracht.*

Plötzlich war alles nur noch schwarz um mich herum, und ich versank ins Koma. Wiederum hörte ich plötzlich ein- und denselben Klang der Stimme, die mich noch wenige Sekunden zuvor mit «Jakob» angesprochen hatte. Und dann folgten drei Fragen:
 «Warum führst du ein solches Leben?»
 «Warum hast du heute diese Tat ausgeführt?»
 «Hast du das Recht, das Leben, das ich dir geschenkt habe, eigenmächtig zu zerstören?»
 Danach sagte die Stimme: «Ich gebe dir noch einmal eine letzte Chance. Ergreife sie hier und jetzt, denn sonst wird es in alle Ewigkeit zu spät sein!»

* * *

Eine Woche später erwachte ich endlich wieder aus dem Koma. Ich lag auf der Intensivstation des Inselspitals auf einem Bett mit weißen Laken. Als man von meinem Erwachen Notiz genommen hatte, kam sofort ein Arzt zu mir: «So, Herr Wampfler, jetzt sind Sie also doch wieder erwacht. Wir haben schon fast nicht mehr daran geglaubt.»

Noch immer fühlte ich mich leicht beduselt, als der Arzt mir diese Worte sagte. Gleichzeitig spürte ich aber auch eine ganz angenehme wohlige Wärme und eine bis dahin kaum gekannte innere Zufriedenheit in mir. Ich hatte also doch noch einmal eine Chance bekommen! Und dies, obwohl ich es ursprünglich gar nicht gewollt hatte. Im Grunde genommen war dies ja schon fast widersprüchlich. Aber jetzt, wo ich wieder erwacht war, freute ich mich plötzlich auf eine neue Chance. Während dieser einen Woche, in der ich im Koma gelegen hatte, musste da tief in mir etwas passiert sein, das ich erst noch zu verdauen hatte.

Ich hörte, wie der Arzt sagte: «Dieser enorm starke Giftcocktail, den Sie da vor einer Woche geschluckt haben, hätte vollends gereicht, um zwei Menschenleben zu zerstören. Und dennoch leben Sie immer noch! Für uns Ärzte ist dies absolut unerklärlich.» Und dann ermahnte er mich: «Ich denke, Sie sollten einmal gründlich darüber nachdenken, ob hinter dem, was mit Ihnen passiert ist, möglicherweise nicht doch eine höhere Instanz, vielleicht sogar eine Art Berufung steckt.»

Er hatte ja so recht, dieser Arzt. Das, was er mir in eher schroffem Tonfall hier sagte, war die reine Wahrheit. Nun, es gab auch früher schon Ärzte, die mir die Wahrheit sagten, aber damals rebellierte ich innerlich noch dagegen. Jetzt jedoch – und dies war selbst für mich neu – war keine einzige Spur mehr an innerem Widerstand in mir. Ich war vielmehr sogar dankbar für das, was mir nun gesagt wurde. Ich war selber angenehm überrascht, dass ich nun ganz anders reagierte.

In den folgenden Stunden hatte ich viel Zeit, mein ganzes Leben Revue passieren zu lassen. Immer mehr fiel mir dabei auf, dass meine Gedanken nicht mehr von einer Lebensverneinung, sondern vielmehr von einer neuen Hoffnung geprägt waren. Ich hatte wirklich eine neue Chance, gleichzeitig aber auch meine letzte bekommen. Dies war für mich ebenfalls klar. Ich realisierte, je länger ich über alles nachsann, dass Gott höchstpersönlich hier an mir Hand anlegte. Ganz offensichtlich hatte er mit mir noch etwas vor. Mein Leben war noch nicht vorbei. Da musste es noch mehr geben.

An diesem Tag entschloss ich mich, mein Leben ganz Gott anzuvertrauen. Noch während ich auf meinem Bett lag, betete ich: «Herr, ich will jetzt mit dir leben, aber wirklich leben und nicht mehr vegetieren!»

Ich hatte kaum mein Amen ausgesprochen, als mich plötzlich ein besonderes Gefühl überkam. Ich stand unter dem Eindruck, dass mein Gebet – auch wenn es noch so kurz war – nicht irgendwo an einer Wand abprallte. Da gab es offensichtlich ein Gegenüber, das mich ernst nahm. Jedenfalls empfand ich es so.

* * *

Etwa drei Tage später überwies man mich in die Psychiatrische Klinik Waldau in Ostermundigen. Dort steckte man mich in eine geschlossene Zelle. In diesem Raum gab es außer mir selber noch ein Bett, einen Tisch, einen Stuhl und ein Nachthemd. Von meinen persönlichen Utensilien durfte ich gar nichts mit in die Zelle nehmen: keinen Rasierapparat, keine Bücher, keinen Kassettenrekorder und auch keinerlei Schreibzeug oder Notizpapier. Für mich gab es ab sofort auch keine Zeit mehr, da man mir sogar die Uhr abgenommen hatte. Es gab auch kein Fenster mit Ausblick nach draußen, wo ich hätte erkennen können, ob es gerade Tag oder Nacht war. Der Grund für diese Maßnahmen war, dass man mir keine Möglichkeit mehr geben wollte, abhauen zu können oder mich zu verletzen. Auch sollte es nun mehr oder weniger unmöglich für mich sein, mir das Leben zu nehmen.

Bis dahin gab es für mich nur eine schlechte Vergangenheit und eine noch viel miserablere Gegenwart. Jetzt aber entdeckte ich plötzlich einen starken Hoffnungsschimmer über meiner Zukunft.

Die Tür fiel ins Schloss, und der Schlüssel drehte sich. Jetzt war ich ganz allein in meiner Zelle. Nicht ein einziges Bild schmückte die kahlen Wände. Erst kam ich mir schon ziemlich verloren vor. Wie lange würde ich nun hier bleiben müssen? – Ich legte mich aufs Bett und blickte zur weißen Decke hinauf. Da es keinerlei Möglichkeiten gab, mich irgendwie zu unterhalten, blieb mir nichts anderes übrig, als mit meinen Gedanken auf Reisen zu gehen. Ich ließ mein Leben wie einen Film an mir vorüberziehen. Hätte ich dies noch vor wenigen Tagen getan, so wäre ich wohl wütend über mich selber geworden. Jetzt aber merkte ich, wie trotz der vielen unglücklichen Umstände dennoch eine innere Ruhe mich durchströmte. Bis dahin gab es für mich nur eine schlechte Vergangenheit und eine noch viel miserablere Gegenwart. Jetzt aber entdeckte ich plötzlich einen starken Hoffnungsschimmer über meiner Zukunft.

Was mir jetzt, wo ich auf meinem Bett lag, besonders positiv auffiel, das war die Tatsache, dass in mir keine sich aufbäumenden Gedanken mehr vorhanden waren. Es war, als ob sie weggespült worden wären. Jede Form von innerer Rebellion, die mich zuvor noch in Beschlag genommen hatte, war verschwunden. Ich konnte es selber noch kaum fassen, aber mit mir musste – während ich im Koma gelegen hatte – wirklich etwas passiert sein.

Der Schlüssel drehte sich erneut, und die Tür wurde geöffnet. «Grüezi Herr Wampfler, haben Sie gut geschlafen?», fragte mich der Wärter. «Ich bringe Ihnen hier Ihr Frühstück.»

Ach so, es musste jetzt also Morgen sein. «Ja, herzlichen Dank», sagte ich.

Er überreichte mir auf einem Kunststofftablett je ein metallenes Kännchen mit Kaffee und Milch, dazu zwei Scheiben Brot mit Butter und Marmelade. «Guten Appetit, Herr Wampfler», sagte er. «Ich möchte Sie noch darauf aufmerksam machen, dass in etwa zwei Stunden ein Arzt bei Ihnen vorbeikommt, der mit Ihnen ein ausführliches Gespräch führen wird.»

«Das wird somit ja direkt ein interessanter Tag werden!», dachte ich. Normalerweise waren die Höhepunkte die drei Mahlzeiten, die man mir servierte. Den Rest des Tages war ich, mal abgesehen von den wenigen Malen, wo man mich zur öffentlichen Toilette begleitete, ganz allein in meinem Zimmer.

Hier war endlich einmal ein kompetenter Mann, der mich und meine Ansichten ernst nahm. Ihm brauchte ich nichts mehr vorzuspielen.

Ich hatte wirklich viel Zeit, in den folgenden Tagen über mein Leben nachzudenken. Mehr denn je wurde mir bewusst, dass ich künftig mein Leben so führen wollte, wie es dem Willen Gottes entsprach. Je einsamer ich in meiner

Zelle war, umso stärker empfand ich die Gegenwart von Jesus. Es war, als ob durch mich regelmäßig Kraftströme fließen würden. Damals wusste ich noch nicht, dass Jesus seinerzeit gesagt hatte: «Wer an mich glaubt, so wie die Schrift sagt, von dessen Leibe werden Ströme lebendigen Wassers fließen» (Johannes 7,38). Aber jetzt, in diesen Zeiten der völligen Abgeschiedenheit, empfand ich genauso. Und es wurde immer intensiver. Oft betete ich stundenlang zu Jesus, bekannte ihm sämtliche Fehler, die mir einfielen, bat um Vergebung und versprach ihm, ab sofort mit seiner Hilfe ein anderes Leben führen zu wollen.

Inzwischen drehte sich wieder ein Schlüssel in meiner Tür. Herein kam diesmal Dr. Kurt Bachmann, ein junger Arzt, der in der Klinik Waldau arbeitete.

«So, Herr Wampfler, wie geht es Ihnen?»

«Jeden Tag ein wenig besser», gab ich zur Antwort.

Der Arzt setzte sich auf den Stuhl nieder. Ich selber nahm auf der Bettkante Platz.

«Wie fühlen Sie sich bei uns und wie ist Ihre körperliche Verfassung?», wollte er nun von mir wissen.

«Ich fühle mich sicher besser als bei meinem Eintritt», sagte ich. «Da ich hier ja sehr viel schlafen konnte, steht es inzwischen auch körperlich besser um mich.»

«Das klingt ja sehr gut. Und spüren Sie punkto Alkohol gewisse Entzugserscheinungen?»

«Erstaunlicherweise bis jetzt nicht», strahlte ich ihn fast spitzbübisch an. «Bei mir scheint diesbezüglich eine Art Wunder vorgefallen zu sein», schmunzelte ich mit glänzenden Augen.

«Ach so», lächelte er zurück, «und welcher Art soll dieses Wunder sein?»

Ich erzählte ihm alles, was ich in den vergangenen Stunden und Tagen erlebt hatte. Dr. Bachmann hörte aufmerksam zu. Ich beendete meine Ausführungen damit, dass ich ihm gegenüber im Sinne einer Proklamation festhielt: «Ob Sie's glauben oder nicht, Herr Doktor, aber alle diese Erneuerungen verdanke ich ausschließlich Jesus. Er hat dermaßen stark eingegriffen, dass ich es vielleicht sogar ohne Tabletten ausgehalten hätte.»

«Das ist eine gute Grundlage, auf der Sie in jedem Fall aufbauen können», ermutigte er mich.

Ich war sehr dankbar für die Art, wie dieser Arzt reagierte. Gott sei Dank – im wahrsten Sinne des Wortes! – brauchte ich mich ihm gegenüber nicht zu verteidigen. Das wäre sonst eine sehr mühsame Sache geworden. Hier war endlich einmal ein kompetenter Mann, der mich und meine Ansichten ernst nahm. Ihm brauchte ich nichts mehr vorzuspielen. Es war ein kurzes Gespräch, welches wir in diesem Zimmer miteinander führten. Weil jedoch die Vertrauensbasis stimmte, wurden die wenigen Sätze, die wir an diesem Vormittag austauschten, für mein weiteres Leben wegweisend.

* * *

Nach vierzehn Tagen in der Einzelzelle wurde ich bereits in die offene Abteilung überwiesen. Dort verbrachte ich nun mehrere Monate.

Eines Tages wurde mir ein Brief überreicht. Ich sah die kindliche Schrift, die sich ziemlich schräg über das ganze Kuvert hinzog. Das konnte nur mein zwölfjähriger Bruder Klaus sein. Bereits zum zweiten Mal schrieb er mir nun. Und dies, obwohl ich wusste, dass er das Briefeschreiben abgrundtief hasste. Umso mehr freute es mich, von ihm Post zu erhalten. Sofort öffnete ich den Umschlag und begann zu lesen. Klaus berichtete mir, wie es zu Hause und bei ihm in der Schule lief. Ganz am Schluss hatte er dann auch noch eine besondere Ermutigung für mich parat: «Halt die Ohren steif, großer Bruder!», schrieb er mir. – Jawohl, diesen Rat wollte ich beherzigen und umsetzen.

Ab und zu wurde ich auch besucht. So tauchte plötzlich eines Tages meine Schwester Annarös zusammen mit einer ihrer Freundinnen bei mir auf. Sie hatte erst wenige Worte mit mir gewechselt, als sie sagte: «Jakob, du hast dich ziemlich positiv verändert.» Es fiel ihr auf, dass ich inzwischen innerlich wesentlich ruhiger geworden war. «Du bist auch im Umgang viel angenehmer geworden», lächelte sie mich an.

Wir beschlossen, zu dritt einen Spaziergang ins Dorf zu machen. Dabei fiel mir auf, dass sich bei mir tatsächlich etwas verändert hatte. Etwa eine Stunde schlenderten wir inzwischen durch die einzelnen Straßen und Gassen von Ostermundigen. Dabei bummelten wir auch an den verschiedensten Wirtshäusern vorbei. Dennoch spürte ich nicht den Drang, die eine oder andere Gaststätte betreten zu müssen. Damit es gleich klar ist: Da war keine Versuchung vorhanden, die ich hätte überwinden müssen! Verglichen mit früheren Zeiten grenzte allein diese Tatsache schon fast an ein Wunder.

Es war ein sehr heißer Herbsttag. Die Freundin von Annarös sagte: «Mensch, das ist ja so eine enorme Hitze heute. Ich habe echt Durst. Wenn ihr ebenfalls Lust habt, so lade ich euch gerne zu einem kühlen Getränk im nächstbesten Gasthof ein.» Annarös und ich nahmen, da auch uns die Schweißperlen bereits auf der Stirne standen, gerne an. Wir betraten den dunklen Raum eines Wirtshauses und setzten uns in eine Ecke. Dann bestellten wir unsere Getränke. Ich bestellte eine Cola. «Aber bitte mit viel Eis», sagte ich zur Bedienung.

Neben uns saßen zwei Bauarbeiter an einem Tisch, die sich ihre wohlverdiente Pause gönnten. Ein Kellner, der sie bediente, stellte soeben zwei große Kübel Bier, die mit viel Schaum gekrönt waren, auf ihren Tisch. «Zum Wohl», sagte er und verschwand wieder mit schnellem Schritt. Ich sah zu, wie einer dieser Arbeiter mit viel Wonne das Glas zum Munde führte und sich einen kräftigen Schluck frischen Biers genehmigte. Danach wischte er genüsslich mit seiner Zunge den Schaum von seiner Mundpartie weg. Während er dies tat, fiel mir einmal mehr auf, dass mich dies in keiner Weise mehr dazu animierte, es ihm gleichzutun. Ich sah ihm zwar zu, aber die ganze Sache übte auf mich keinen Reiz mehr aus. Ich war mit meiner eisgekühlten Cola völlig zufrieden. Einmal mehr erkannte ich, dass sich in mir in den letzten Wochen wirklich sehr viel verändert hatte. Annarös hatte recht. Ich war wirklich anders geworden.

Ein Inserat mit Folgen

Gutes und Schlechtes in Einheit vermischt,
den Lieben und Bösen fein aufgetischt.
Ein freudiges Lächeln, ein trauriger Blick,
ich laufe vorwärts – und fall' doch zurück![17]

Immer wieder beschäftigte ich mich in den vielen stillen Stunden, die ich während meiner Zeit in der Klinik erleben durfte, mit Jesus. Diese drei Fragen, die er mir damals gestellt hatte, bewegten mich noch immer. Ich hätte gerne mehr über den christlichen Glauben erfahren, wusste aber nicht, wie ich es anstellen sollte. Die Klinik besaß zwar eine Kapelle, in der regelmäßig Gottesdienste durchgeführt wurden. Ich nahm nur ein einziges Mal daran teil, weil mich die Art und Weise, wie das ganze Programm gehandhabt wurde, überhaupt nicht ansprach: alte Kirchenchoräle und eine Predigt, die kaum nachvollziehbar war.

Eines Tages stieß ich in einem Gratisanzeiger auf ein für mich sehr interessantes Inserat. Da war von einem großen Jesus-Fest die Rede. Die ganze grafische Gestaltung des Inserats war völlig anders, als man es von kirchlichen Institutionen gewohnt war. Vor allem aber waren es die

---

[17] Ein Dreißigsekunden-Geistesblitz meines Ghostwriters Urs-Heinz Naegeli.

Themen, die mich packten. Ganze fünfzehn Abende lang sprach ein deutscher Referent über Lebensfragen, die mich zu diesem Zeitpunkt sehr beschäftigten. Da ging es um «den Sinn des Lebens», um «Wahrheitsfindung», um «den einzigen Weg zu Gott» sowie um Fragen der Liebe, der Ehe, der Sexualität und viele andere Dinge mehr.

Bereits am ersten Abend war ich dabei[18]. Ich wollte nicht eine einzige Veranstaltung verpassen. Vielleicht würde ich ja hier Antworten auf die Fragen erhalten, die mich schon seit einiger Zeit beschäftigten. Abend für Abend waren mehrere Tausend Menschen anwesend, um den Ausführungen des Referenten zuzuhören. Von weither kamen die Leute angereist. Einige nahmen anderthalb bis zwei Stunden Fahrzeit pro Strecke in Kauf, um dabei sein zu können. An der ganzen Sache musste offenbar was dran sein. Ich saß an den einzelnen Abenden nach Möglichkeit gerne weit vorne im Berner Wankdorf-Stadion, um nicht nur gut zu hören, sondern vor allem auch den Referenten sehen zu können.

Inzwischen war schon fast die Hälfte der Referate vorbei. Fast eine Woche lang hatte ich alle diese Veranstaltungen besucht. Und ich war von Mal zu Mal begeisterter. Ja, da gab es wirklich Antworten! Eines Abends saß ich – wie immer – gemütlich auf einem Stuhl, als ich plötzlich den Referenten folgenden Satz sagen hörte: «Der Glaube ist die eine, die Vergebung jedoch die andere Seite», sagte er.

---

[18] Da ich innerhalb der Klinik Waldau einer offenen Abteilung zugeteilt war, durfte ich meine Abende so verbringen, wie ich wollte

«Solange du dein altes Leben weiterhin mit dir herumträgst, wird dein Glaube ein toter sein. Und es sind die toten Fische, die mit dem Strom schwimmen. Deshalb ist es von zentraler Bedeutung, dass du nicht nur Ja zur göttlichen Vergebung sagst, sondern diese für dich persönlich in Anspruch nimmst und praktisch erleben darfst.»

Diese Worte trafen mich sehr. Vergebung – wusste ich überhaupt, was das war? Ich sann noch dieser Frage nach, als der Redner sagte: «Vergebung bei Gott erhalten wir nur dann, wenn wir ihm unsere Sünden bringen. Die Bibel sagt: Wenn wir unsere Sünden bekennen, dann ist Gott treu und gerecht. Er wird uns dann alles vergeben und uns von aller Schuld reinigen.»[19]

> **«Darf ich Sie um Ihre Aufmerksamkeit bitten?», fragte ich ihn. «Ich denke, dass ich jemanden brauche, der sich ein wenig Zeit für mich nimmt.»**

Plötzlich stand mir klar vor Augen, dass ich, Jakob Wampfler, vor Gott schuldig war. Er, der mich schon vor meiner Geburt geliebt hatte, wurde von mir während vieler Jahre buchstäblich auf die Seite gestellt. Obwohl er immer das Beste für mich wollte, kümmerte ich mich nie

---
[19] Der Referent bezog sich hier auf das Bibelwort aus 1. Johannes 1,9.

um ihn. Der Alkohol war mir weitaus wichtiger. Nie hatte ich nach Gott, nach Glaube oder sonst was Ähnlichem gefragt. Und jetzt, wo mir dies plötzlich klar vor Augen stand, fühlte ich mich auf einmal hundeelend.

Fast wie aus weiter Ferne hörte ich den Redner nun sagen: «Es gibt eine Möglichkeit, wie wir Menschen den wahren inneren Frieden finden können. Jesus Christus hat gesagt, dass nur er allein der Weg, die Wahrheit und das Leben[20] ist. Jesus ist somit der wahre Fachspezialist für alle Lebensfragen, die uns beschäftigen. Du kannst gerne die Probe aufs Exempel machen und ihn herausfordern. Bitte ihn, dass er dir ganz persönlich begegnen soll, und er wird es tun.»

Der offizielle Teil der Veranstaltung war bereits zu Ende, als ich noch immer auf meinem Stuhl saß. Wir wurden zwar gegen den Schluss der Ausführungen ermutigt, uns an jene Leute zu wenden, die auf der linken Brustseite ein spezielles Schild trugen, die so genannten Seelsorger. Ich jedoch brauchte erst noch einige Minuten Zeit für mich selber, um das Gehörte einigermaßen zu verdauen.

Schließlich erhob ich mich und lief – äußerlich vermutlich ziemlich verunsichert – ein wenig durch die inzwischen leer gewordenen Stuhlreihen. Ein Mann in mittleren Jahren sah mich und steuerte auf mich zu. Ich sah, dass auf seiner linken Brustseite eines dieser Schilder war, von denen der Referent gesprochen hatte.

---

[20] Siehe auch Johannes 14,6.

«Darf ich Sie um Ihre Aufmerksamkeit bitten?», fragte ich ihn. «Ich denke, dass ich jemanden brauche, der sich ein wenig Zeit für mich nimmt.»

«Gerne. Am besten wird wohl sein, damit wir ungestört miteinander reden können, wenn wir uns an einen ruhigen Ort zurückziehen.»

Während wir uns aus dem großen Saal entfernten, stellte er sich mir vor. «Ich heiße Hanspeter Büchner. Ich bin Sozialarbeiter beim Blauen Kreuz in der Stadt Bern. Mein Spezialgebiet sind somit suchtkranke Menschen, allen voran die Alkoholabhängigen.»

Wenn das keine göttliche Fügung war! Diese fünfzehn Tage Jesus-Fest waren ja nicht vom Blauen Kreuz ins Leben gerufen worden. Es waren vielmehr zahlreiche verschiedene christliche Kirchen, die gemeinsam diesen Großanlass organisiert hatten. Alles in allem gab es Hunderte von verschiedenen Seelsorgern, die gerne bereit waren, mit Hilfesuchenden ein Gespräch zu führen. Und ich, ein Mann, der sich noch vor wenigen Monaten regelmäßig betrunken hatte, landete nun bei einem Mitarbeiter des Blauen Kreuzes. Für mich war dies ein weiterer Fingerzeig Gottes.

Inzwischen hatten wir beide in einem kleineren Raum ein ruhiges Plätzchen gefunden. Hanspeter Büchner sagte: «Ich möchte noch kurz ein Gebet sprechen.» Ich willigte ein, und er begann gleich damit: «Vater im Himmel, leite du jetzt unser Gespräch und hilf mir, dass ich diesen Mann, sein Anliegen und das, was er mir anvertraut, ernst nehme. Amen.»

Es war nur ein sehr kurzes Gebet. Aber die Art, wie dieser Mann betete, ließ mich positiv aufhorchen. Ihm ging es nur um eines: Gott allein sollte an diesem Abend die Gesprächsleitung übernehmen.

Nun stellte Hanspeter, der mir inzwischen das Du angeboten hatte, zwei entscheidende Fragen: «Was war der Grund, dich heute Abend mir anzuvertrauen? Und was genau erwartest du von mir?»

Da ist einerseits eine neue Kraft, die mich wie nach oben zieht; andererseits spüre ich aber auch zunehmend, wie mich Dinge aus der Vergangenheit einzuholen versuchen.

Die Art, wie er mich fragte, zeigte einen äußerst demütigen Mann, der sich selber zurückhielt. Für ihn stand ich nun im Mittelpunkt. Hanspeter war ein sehr aufmerksamer Zuhörer, der mich im Verlauf des weiteren Abends nur dann unterbrach, wenn gerade eine Unklarheit herrschte oder ich mich missverständlich ausdrückte. Ansonsten hielt er sich gezielt zurück. Bei solchen Menschen fällt es einem nicht schwer, sich alles von der Seele zu reden. Und genau dies tat ich nun auch.

«Ich bin bis jetzt an jedem Abend, seit diese Großveranstaltung läuft, dabei gewesen. Prinzipiell kann ich zu allem, was gesagt wurde, mein volles Ja geben. Aber da gibt es trotzdem gewisse Dinge, die mich zurückhalten. Ich spüre, dass ich irgendwie einfach nicht weiterkomme. Je mehr ich vom Ganzen begreife, desto schwieriger wird es für mich. Da ist einerseits eine neue Kraft, die mich wie nach oben zieht; andererseits spüre ich aber auch zunehmend, wie mich Dinge aus der Vergangenheit einzuholen versuchen.»

«Vielleicht wird es am besten sein, wenn du mir einfach einmal deine Lebensgeschichte erzählst, Jakob», meinte Hanspeter nun. «Nimm dir ruhig genügend Zeit dafür, ich werde dir gerne zuhören und dich im Anschluss an unser Gespräch mit meinem Auto nach Hause fahren. Du brauchst dich also gar nicht zeitlich gedrängt zu fühlen.»

Wie froh wäre ich gewesen, schon in früheren Jahren so einem Mann begegnet zu sein! Ich kannte ihn jetzt erst einige Minuten. Und obwohl mein Vertrauen in den vergangenen Jahren oft missbraucht worden war, konnte ich jetzt einfach nicht anders, als all das vor diesem Mann auszupacken, was mich zutiefst in meiner Seele beschäftigte.

«Ich möchte dir gleich zu Beginn etwas bekennen, was du noch nicht weißt», begann ich mein Geständnis. «Ich bin seit meinem Schulaustritt ein Alkoholiker. Regelmäßig betrank ich mich. Ich belog meine Eltern, meine Freunde und meine Mitarbeiter; ich klaute Geld aus dem Geldbeutel meiner Mutter, stahl meinem Vater Wein aus dem Keller und tat noch viele andere schlimme

Dinge. Ich habe all das gemacht, was Gott verboten hat und darüber hinaus noch viel mehr.»

Je länger ich erzählte, umso mehr öffneten sich neue dunkle Kapitel meiner Biografie. Es wollte und wollte kein Ende mehr nehmen. Dennoch redete ich weiter. Wie gut dies doch tat! Hanspeter hörte sehr aufmerksam zu, was mich ermutigte, wirklich alles zu sagen.

«Ich weiß, dass es vermutlich niemanden gibt, der ein so elender Kerl ist, wie ich es bin. Ich merke ja auch, wie schwer es für mich ist, diese innere Ruhe, von der ich zwar schon etwas schmecken durfte, behalten zu können.»

Der Augenblick kam, wo ich nicht mehr anders konnte, als einfach loszuheulen. Es war, wie wenn ein Staudamm zusammenbricht. Noch selten hatte ich so geweint wie gerade in diesem Augenblick.

Hanspeter reichte mir ein Papiertaschentuch und sagte: «Es ist gut, dass du so offen und ehrlich all das, was dir auf dem Herzen liegt, bekannt hast. Du hast wirklich viel Schlimmes erlebt; aber du hast auch deinen Mitmenschen gegenüber Negatives verursacht. Ich möchte dir trotzdem sagen, dass – egal, wie tragisch dein Leben bisher ablief – dir alles vergeben werden kann.»

Ich konnte es kaum fassen. «Sollte es wirklich einen Gott geben, der mir alles das, was ich getan habe, vergibt?», fragte ich ihn.

«Auf alle Fälle», ermutigte mich Hanspeter. «Aber es ist auch sehr wichtig, dass du im Anschluss an die von Gott erhaltene Vergebung auch dir selber vergibst. Es gibt da nämlich selbst unter den Christen gewisse Leute, die lieber hundert Mal in die Seelsorge gehen, anstatt ein einziges Mal von Herzen glauben, dass Gott ihnen alles vollständig vergeben hat. Darum ist ja auch der Glaube so wichtig», betonte er vehement.

Ich hatte begriffen. Gott meinte es wirklich gut mit mir. Die Tränen, die diesmal flossen, waren Freudentränen. Ein unglaublich starkes Gefühl von göttlicher Liebe durchströmte mich in diesem Augenblick. Vorbei war die Zeit der Zweifel und der Selbstanklagen. Jetzt wusste ich, dass es diese fast unbeschreibliche Liebe, von der ich an den jeweiligen Vortragsabenden gehört hatte, wirklich real gab.

Hanspeter setzte sich nun neben mich und legte freundschaftlich seinen rechten Arm über meine Schultern: «Ich möchte dir versichern, dass ich jederzeit für dich da sein werde», erklärte er mir freundschaftlich. «Du kannst mich rund um die Uhr zu jeder Tages- und Nachtzeit anrufen, wenn du ein Problem oder eine Frage haben solltest.» Er überreichte mir seine Visitenkarte und ergänzte: «Wenn du Lust hast, darfst du gerne auch mal bei uns im Blauen Kreuz vorbeischauen. Wir sind ja mit vielen Menschen zusammen, die das genau Gleiche erlebt haben wie du.»

Und damit nahm die rund zweistündige Aussprache ein Ende. Hanspeter fuhr mich mit seinem Auto noch bis vor die Türen der Klinik Waldau. «Bestimmt werden wir uns an einem der kommenden Vortragsabende wieder sehen», sagte ich zu ihm. Als er wenige Sekunden später wieder losfuhr, da wusste ich, dass ich einen echten Freund gefunden hatte.

* * *

An den folgenden Abenden sahen Hanspeter und ich uns regelmäßig. Obwohl er nun im Anschluss an die Vorträge mit anderen Menschen seelsorgerische Gespräche führte, gab es im Vorfeld der jeweiligen Veranstaltungen dennoch immer einige kurze Augenblicke, in denen ich ihm die eine oder andere Frage stellen konnte. Ich war sehr begierig, mehr über den christlichen Glauben zu erfahren. Hanspeter erkannte dies und meinte: «Für dich wäre es wohl das Beste, wenn du regelmäßig an der Jugendgruppe des Blauen Kreuzes teilnehmen könntest. Schau doch dort mal vorbei. Sie treffen sich jeweils am Freitagabend um zwanzig Uhr.»

Bereits am folgenden Freitag besuchte ich zum ersten Mal diesen Anlass. Sofort nahm man mich auf. Die Stimmung, die dort herrschte, gefiel mir. Da es eine christliche Jugendgruppe war, drehte sich sehr vieles um den Glauben, was mir nur recht sein konnte. Ich hatte noch immer viele Fragen in mir. Deshalb war ich sehr froh, dann und wann die eine oder andere stellen zu können beziehungsweise eine Antwort darauf zu erhalten.

In den folgenden Monaten nahm mein Glaube an Gott immer mehr zu. Bereits war ein halbes Jahr vergangen, und ich hatte noch immer keinen einzigen Tropfen Alkohol angerührt. Wozu sollte ich auch? Jesus war ja jetzt bei mir! Bestimmt konnte nun nichts mehr schief laufen.

Auch die Teilnahme an den organisierten Anlässen der Jugendgruppe machte mir immer mehr Spaß. Es waren durchaus nicht nur biblische Fragen, die wir diskutierten. Oft unternahmen wir auch etwas, sahen uns Filme an oder verbrachten ein gemeinsames Wochenende in den Bergen. So lernte ich diese «Modis u Giele»[21] immer besser kennen.

Inzwischen war der Tag gekommen, wo ich aus der Klinik Waldau entlassen wurde. Meine nächste Station war nun eine christlich-therapeutische Wohngemeinschaft. Ganze sechs Monate verbrachte ich dort. Innerhalb dieses geschützten Rahmens lernte ich nicht nur neue Freunde kennen, sondern ich musste mich nun auch mit einem vernünftigen und ordentlich geführten Lebensstil auseinander setzen. Vorbei waren die früheren Zeiten, in denen unter flatterhaften Bedingungen gelebt wurde.

Während meiner Zeit in dieser Wohngemeinschaft wurden auch Abklärungen über meine weitere berufliche Zukunft getroffen. Ein Berufsberater führte mit mir verschiedene Eignungstests durch und meinte abschließend: «Nachdem wir nun alles ausgewertet haben, kristallisiert sich ganz klar heraus, dass eine kaufmännische Ausbildung für Sie im Augenblick das Sinnvollste ist. Was meinen Sie dazu, Herr Wampfler?»

«Ja, das klingt eigentlich ganz sympathisch für mich»,

---
[21] Berndeutsch für «Mädchen und Jungs».

gab ich zur Antwort. «Und wo denken Sie, dass ich so eine Ausbildung absolvieren kann? Haben Sie da einen entsprechenden Vorschlag?»

«Nun», meinte der Berufsberater, «es gibt da in Biel ein Wohn- und Arbeitszentrum, in welchem Sie Ihre Ausbildung machen könnten. Und dies, da Sie ja rehabilitiert werden, erst noch auf Kosten unseres Staates. Sie würden dort wohnen, essen und schlafen beziehungsweise tagsüber Ihre Ausbildung machen. Und selbstverständlich haben Sie auch genügend freie Zeit, innerhalb der Sie selber schalten und walten können.»

In mir bäumte sich je länger je mehr alles gegen die bestehenden Autoritäten auf. Viele meiner Vorgesetzten betrachtete ich nur noch als Halsabschneider, Ausbeuter und Betrüger.

«Das klingt ja hervorragend», sagte ich. «Und wann könnte ich mit dieser Ausbildung beginnen?»

Es war im Februar 1981, als ich diese Frage stellte. Und bereits im folgenden April zog ich nach Biel in die Stiftung Battenberg um. Die folgenden zwei Jahre verbrachte ich nun dort. Um es gleich vorwegzunehmen: Ich schaffte es, die kaufmännische Ausbildung mit Bravour abzuschließen.

Allerdings gab es auch hier Probleme, die nicht immer ganz einfach zu lösen waren. So verstand ich mich leider hier in Biel nicht immer mit allen Leuten. Vor allem der Leitung gegenüber hatte ich meine Fragezeichen. Dabei gingen mich die Verhaltensweisen, die ich bei der Stiftungsleitung anprangerte, gar nichts an. Ich mischte mich, zusammen mit anderen Lehrlingen, in Dinge ein, die eindeutig eine Nummer zu groß für mich waren. Dies ging sogar soweit, dass ich mich in meiner Freizeit einer kommunistisch-marxistischen Liga anschloss, die kein geringeres Ziel verfolgte, als den gesamten Verwaltungsrat dieses Lehrbetriebes zu stürzen. Auf einmal war ich – und dies trotz meiner christlichen Überzeugung – voller Rache- und Zorngedanken. In mir bäumte sich je länger je mehr alles gegen die bestehenden Autoritäten auf. Viele meiner Vorgesetzten betrachtete ich nur noch als Halsabschneider, Ausbeuter und Betrüger.

Das politisch linke Gedankengut nahm voll von mir Besitz. Als mir ein anderer Aktivist erklärte, dass Jesus der erste echte Kommunist gewesen sei, da begannen in mir ein neues Feuer und eine noch nie gekannte Leidenschaft aufzulodern. Meine Devise hieß nun «Christen für den Sozialismus». Mehr denn je gab es für mich nur noch ein Anliegen, nämlich endlich so viele Menschen wie nur möglich auf die kommunistischen Hintergründe des christlichen Glaubens aufmerksam zu machen. Denn nicht nur Jesus war ein feuriger Kommunist (so dachte ich jedenfalls), auch die ersten Apostel waren es. Jedem, der es hören wollte (und den anderen erst recht), warf ich die Bibelstelle aus Apostelgeschichte 2,42 nach, wo es heißt, dass die ersten Christen «alles gemeinsam hatten und untereinander teilten». Danach blätterte ich in der Bibel eine Seite weiter und las unmittelbar die Worte aus Apostelgeschichte 4,32 vor: «Die Menge der Gläubigen aber war ein Herz und eine Seele; auch nicht einer sagte von seinen Gütern, dass sie sein wären, sondern es war ihnen alles gemeinsam.» – Wer nun noch immer nicht begriff, dass meine Ansicht die einzig Richtige war, der hatte ganz einfach ein Brett vor dem Kopf!

Wenn ich allein in meinem Zimmer war, betete ich wieder zu Jesus: «Oh Herr, schenke uns Schweizerbürgern die Gnade, uns von allen Autoritäten zu befreien, damit wir dich voll und ganz als den einen und wahren Erlöser und Revolutionär erkennen können. Mögen noch viele verblendete Mitmenschen begreifen, was für ein Segen hinter dem wahren marxistischen Gedankengut verborgen liegt. Dies bitte ich dich nun mit aller Inbrunst, amen.»

Gegenseitig stachelten wir uns an und riefen uns politische Vokabeln zu: «Nieder mit den Kapitalistenschweinen! Es lebe der Marxismus!»

Meine Aktivität kannte keine Grenzen. Ich verteilte Tausende von Flugblättern, in denen die Autoren dazu aufriefen, gegen das kapitalistische System Stellung zu beziehen. «Proletarier aller Länder, vereinigt euch!», stand jeweils ganz unten auf der Seite. Ganz besonders angetan war ich von einer Zeitschrift mit dem Namen «Neue Wege – Christen für den Sozialismus». Diese verbreitete ich, wo ich nur konnte. In einer Zeitung schrieb ich sogar regelmäßig Kolumnen, in denen ich meine linkspolitischen Ansichten mit christlicher Überzeugung einer breiten Öffentlichkeit weitergab. Und selbstverständlich durften bei meinen Aktivitäten auch die an die Hauswände, in Unterführungen oder in die öffentlichen Aufzugschächte hingesprayten Parolen nicht fehlen. Mein damaliges Lieblingsmotto lautete: «Macht alles kaputt, was euch kaputt macht!» Und das alles im Namen Jesu! Welche Verblendung!

Eines Tages waren meine neuen Freunde von der Revolutionären Marxistischen Liga (RML) und ich wieder einmal in absoluter Kampfstimmung. Gegenseitig stachelten wir uns an und riefen uns politische Phrasen zu: «Nieder mit den Kapitalistenschweinen! Es lebe der Marxismus!» Den ganzen Tag über nahmen wir an einer Demo teil, um dort unsere politischen Ziele zu proklamieren. Unsere Mäuler waren vom vielen Herumschreien schon fast ausgetrocknet. Und somit war es Zeit, das nächstbeste Wirtshaus aufzusuchen.

Wir betraten eine alternative Spelunke, in der noch viele andere Gleichgesinnte anwesend waren. Meine Kollegen bestellten allesamt ein Bier oder genehmigten sich eine Flasche Wein. Da konnte und wollte ich natürlich nicht mehr zurückstehen. Wegen eines einzigen Glases Bier wird ja wohl nicht die ganze Welt untergehen! Und überhaupt: Ich hatte meine Sucht nun ja schon seit langer Zeit im Griff! – So jedenfalls dachte ich.

Aus dem einen Glas Bier wurde schließlich ein zweites, dann ein drittes, ein viertes, und letztlich waren es alles in allem gesehen fast drei Liter Bier, die ich an diesem Abend in mich hineingeschüttet hatte. Egal, ob ich es wahrhaben wollte oder nicht: Ich war nun ein Rückfälliger geworden.

Nach diesem einen Vollrausch blieb ich zwar wieder längere Zeit trocken. Als es dann aber Zeit wurde, mir im Anschluss an meine Ausbildung eine neue Arbeitsstelle zu suchen, da passierten eine ganze Anzahl weiterer solcher Abstürze. Sämtliche Bewerbungen, die ich schrieb, endeten mit Absagen. Ich verkraftete dies nicht mehr und nahm mir deshalb das Recht heraus, mich erneut etliche Male zu betrinken. Damit strafte ich aber nicht die anderen, sondern mich selber. Einmal mehr hatte mich der Geist der Lüge und des Selbstbetrugs eingeholt.

Wenn ich heute auf diese Zeit zurückblicke, so kann ich niemand anderem die Schuld in die Schuhe schieben. Es waren weder die Umstände während meiner Ausbildungszeit noch die Kommunisten, geschweige denn die Tatsache, dass ich keinen neuen Arbeitsplatz fand. Ich alleine war es, der sich dazu entschied, wieder Alkohol zu trinken. Ich wollte ein Licht in dieser Welt sein, ließ mich aber wieder mit der Finsternis ein und wurde einmal mehr von dieser verschluckt ...

* * *

Ein Freund riet mir eines Tages, mich im Schloss Ralligen am Thunersee bei den Christusträgern zu melden. «Das dürfte ein Ort sein, wo du mit Bestimmtheit wieder festen Boden unter deine Füße bekommst.» – Die Christusträger sind eine evangelische Bruderschaft, die aus Überzeugung in Ehe- und Besitzlosigkeit lebt, um so besser Gott und den Mitmenschen dienen zu können. Als ich bei ihnen in ihrem hübschen mittelgroßen Schloss eintraf, da wusste ich, dass ich eine neue Heimat gefunden hatte. Ein ganzes Jahr lang blieb ich nun dort, erlebte dabei täglich eine intensive Gemeinschaft unter Christen, vor allem aber auch sehr viel Fröhlichkeit. Mit großer Begeisterung arbeitete ich abwechslungsweise in der Küche und im Garten. Wie gut mir diese Zeit doch tat! Es war eine zweite Therapie für mich, innerhalb der ich viel Seelsorge bekam und somit auch viel innere Heilung erfuhr. Ich schaffte es tatsächlich während des ganzen Jahres, nicht einen einzigen Tropfen Alkohol in mich hineinzugießen. Dieses Erfolgserlebnis gab mir Mut und Auftrieb. Ob sich meine Zukunft vielleicht doch noch zum Positiven wenden würde?

Hanspeter Büchner, mit dem mich inzwischen eine tiefe Freundschaft verband, erfuhr, dass ich eine neue Arbeitsstelle suchte. Die Zeit bei den Christusträgern war nämlich auf zwölf Monate befristet, da es sich um einen zeitlich beschränkten Hilfseinsatz handelte. Er gab mir eines Tages einen heißen Tipp weiter: «Könntest du dir vorstellen, im Büro meines Blaukreuz-Berufskollegen zu arbeiten?»

Zwei Wochen später hatte ich bereits diese von Hanspeter vorgeschlagene neue Arbeitsstelle. Mein neuer Chef hieß Heinz Hügli, eine äußerst eindrucksvolle Persönlichkeit mit viel Pioniergeist und einer echten Liebe zu den Alkoholkranken. Tag und Nacht war er für die Suchtkranken da. Für sie hätte er alles getan, sosehr liebte er sie. Man konnte, wenn man ein Problem hatte, ihn rund um die Uhr anrufen. Keine Last war ihm zu schwer oder zu unangenehm, als dass er sie nicht getragen hätte. Die folgenden fünf Jahre arbeitete ich nun mit Heinz zusammen. Neben Hanspeter war er wohl die bis dahin prägendste Persönlichkeit in meinem Leben. Ich durfte sehr viel von ihm lernen.

Diesmal waren meine Überheblichkeit und meine Besserwisserei der Grund für die erneuten Abstürze.

Es war eine sehr vielseitige kaufmännische Tätigkeit, die ich bei Heinz ausüben durfte. Ich schrieb Briefe ab einem Diktiergerät, stellte eingehende Bestellungen zusammen, versandte sie und erledigte darüber hinaus die unterschiedlichsten administrativen Büroarbeiten.

Fast die ganzen fünf Jahre, während deren ich nun bei ihm arbeitete, blieb ich trocken. Erst in den letzten Monaten gab es wieder einige Rückfälle. Diesmal waren meine Überheblichkeit und meine Besserwisserei der Grund für die erneuten Abstürze. Heinz sagte eines Tages zu mir: «Wenn jemand aus einem Suchtbereich herausgetreten ist, dann ist es zwingend notwendig, dass auch sein ganzes äußeres Umfeld erneuert wird. Konkret bedeutet dies, dass sich so ein Mensch auf keinen Fall an den bisherigen Orten aufhalten darf.»

Was er sagte, klang durchaus vernünftig, und ich nickte dazu. Heinz redete weiter und sah mich nun eindringlich an: «Jakob, ein neuer Geruch kann nur dann entstehen, wenn der Alte nicht mehr da ist. Ich sage dir deshalb, dass du an diesen früheren Orten nichts mehr zu suchen hast! Die einzige Ausnahme ist dann, wenn Gott dir dazu einen klaren Auftrag gegeben hat. Ansonsten hast du dich von solchen Plätzen fern zu halten.»

«Da hast du sicher recht, lieber Heinz», sagte ich, «aber ganz offensichtlich hast du immer noch nicht begriffen, wie weit ich schon bin. Wenn ich ein ganzes Leben lang solche Orte meide – wie sollte ich da in dieser Welt ein Zeugnis für Jesus sein können? Nein, Heinz, so wie du dir das vorstellst, wird meine göttliche Berufung und Bestimmung sicher nicht aussehen.»

In mir bäumte sich alles gegen Heinz und seine Aussage auf. Ich wusste zwar zutiefst in meinem Innern, dass er die Wahrheit sagte. Dennoch zeigte ich mich ihm gegenüber rebellisch. Und überhaupt: Wozu brauchte ich seine Ermahnungen, seine Zurechtweisungen und Korrekturen? Ich war doch jetzt schon mehrere Jahre lang ein guter Christ! Warum konnte Heinz diese Tatsache nicht akzeptieren? Warum redete er immer so, als wäre ich nach wie vor der schlimmste Alkoholabhängige? Hatte er denn immer noch nicht begriffen, dass Jesus mich frei gemacht hatte? Der Sohn Gottes würde mir, selbst wenn ich noch heute ein Wirtshaus beträte, mit Bestimmtheit zur Seite stehen. So dachte ich jedenfalls.

Kaum war der Feierabend da, machte ich mich in die nächstbeste Spelunke auf. Heinz sollte nun sehen, wie stark und selbstbeherrscht ich war. Dem wollte ich es nun zeigen. Ich steuerte sofort auf denjenigen Tisch zu, an dem sich die besonders Durstigen trafen. «Bitte reichen Sie mir ein Mineralwasser», sagte ich zur Bedienung. Die anderen Anwesenden blickten auf.

Ich spürte, wie plötzlich ein enormes Schaudern, eine Art Frösteln vom Scheitel bis zur Sohle, durch meinen ganzen Körper ging. Das schmeckte ja so richtig eklig!

«So, nur ein Mineralwasser?», fragte mich ein Büezer.[22]

Als ich mir eine halbe Stunde später ein zweites Mineralwasser bestellte, meinte ein anderer: «Hast du etwa Magenprobleme?» Alle grölten, und mein Gesicht lief rot an.

«Wartet nur, ihr Besserwisser!», sagte ich zu mir selber. «Euch werde ich noch zeigen, zu was ich fähig bin!»

Und so bestellte der starke Jakob bereits wenige Augenblicke später ein Glas Bier. Mir war zu diesem Zeitpunkt völlig klar, dass dieses eine Glas das einzige sein würde an diesem Abend. Die Leute sollten staunen, mit wie viel Selbstbeherrschung ich inzwischen ausgerüstet war! Nun war ich endlich einmal der Mann der Stunde.

Die Kellnerin servierte mir ein kühles Bier. Sie hatte es kaum vor mir auf den Tisch gestellt, als ich mir auch schon den ersten Schluck genehmigte. Ich spürte, wie plötzlich ein enormes Schaudern, eine Art Frösteln vom Scheitel bis zur Sohle, durch meinen ganzen Körper ging. Das schmeckte ja so richtig eklig! Aber nun stand dieses Glas halt vor mir, und ich würde es – natürlich mit Maß – bei Gelegenheit vollständig austrinken.

«Prosit, Jakob!», riefen mir die anderen ermutigend zu. «Jetzt bist du endlich normal geworden.»

Ich griff erneut zum Glas und genehmigte mir wieder einen Schluck. Mmh, dieser schmeckte ja gar nicht mehr so übel! Und dann noch einmal einen Schluck und noch einmal und noch einmal …

---

[22] Schweizerdeutsch für «Arbeiter».

Das Glas war leer. «Bitte noch einmal ein Bier!»
Die Kellnerin sah mich verblüfft an. Was war nur mit diesem Mineralwasserkonsumenten passiert? Stieg er nun auf härtere Getränke um? Ich konnte das Erstaunen geradezu von ihrem Gesicht ablesen, aber inzwischen kümmerte mich dies kaum noch. Der schlafende Löwe in mir war längst geweckt, die fröhliche Laune überkam mich, und während das zweite große Bierglas vor mich hingestellt wurde, erzählte ich wieder meine Witze. Nun war wieder alles so, wie es früher schon mal gewesen war.

Je länger der Abend dauerte, umso mehr trank ich. Literweise schüttete ich wieder alkoholische Getränke in mich hinein. Erst nach Mitternacht verließ ich das Lokal wieder und zog alleine – vor mich hinjohlend – irgendwo durch die nächtlichen Straßen von Bern.

Inzwischen war es drei Uhr in der Frühe. Ich stellte mich mitten auf eine Kreuzung und begann nun auf einem menschenleeren Platz, wo zu dieser Zeit bestenfalls alle fünf bis zehn Minuten ein Fahrzeug vorbeifuhr, lautstark und wild gestikulierend den Verkehr zu regeln.

«Heit dir kener Ouge im Gring? Haltet doch emal aa, süsch rüefeni d Polänte!»,[23] schnauzte ich einen Mann, der noch von irgendwoher unterwegs war, an. Er jedoch fuhr nur kopfschüttelnd weiter.

Mit der Polizei brauchte ich gar nicht mehr zu drohen, da diese wenige Augenblicke später auftauchte und

---

[23] «Haben Sie keine Augen im Kopf? Halten Sie doch einmal an, sonst rufe ich die Polizei!»

mich wegen nächtlicher Lärmbelästigung verhaftete. Wahrscheinlich hatte irgendein Anwohner diese höhere Instanz angerufen. Eine halbe Stunde später lag ich bereits in einer Ausnüchterungszelle. Der Schlüssel drehte sich, und ein Polizeibeamter rief mir zu: «Nun kannst du hier erst einmal deinen Rausch ausschlafen.»

Als man mich einige Stunden später wieder entließ, ging ich direkt ins Büro zu Heinz. «Du liebe Zeit! Wie siehst du nur aus, Jakob!», sagte er völlig verblüfft. «Was ist nur los mit dir?»

«Ich erlebte einen Absturz, weil ich nicht auf das hören wollte, was du mir gesagt hast», bekannte ich reumütig. «Es tut mir ja so Leid, dass ich dich enttäuscht habe. Kannst du mir vergeben, lieber Heinz?»

Natürlich konnte er das. Er sagte mir aber auch eine Wahrheit, die zwar unangenehm klang, jedoch völlig stimmte. «Ich finde es einfach schade, dass du jede einzelne Lebenslektion erst dann lernst und begreifst, wenn du wieder einen Absturz erlebt hast.»

Das stimmte haargenau. So war ich wirklich. Nie glaubte ich denen, die mich in gut gemeinter Absicht ermahnten oder gar fördern wollten. Ich war vielmehr ein ständiger Besserwisser, ein Rebell gegen diejenigen, die meine Vorgesetzten waren. Und für diese Art der Widerspenstigkeit und der Besserwisserei musste ich mehrmals schwer büßen in meinem Leben.

Obwohl mir Heinz an diesem Tag diese ganz wichtige Lektion aufzeigte, war selbst dies noch immer nicht der letzte Absturz. Was war nur los mit meinem Leben? Ich wollte doch Christ sein. Ich wollte so leben, wie Jesus es von mir wünschte. Warum dann aber immer wieder diese Rückfälle? Nahm dieses elende Auf und Ab denn nie ein Ende? Auf der einen Seite arbeitete ich nun schon mehrere Jahre bei Heinz, half innerhalb des Blauen Kreuzes mit, andere Menschen aus der Sucht des Alkohols zu befreien, und war doch selber immer wieder ein Gebundener. Ich konnte und wollte mit diesem Widerspruch nicht mehr leben! Was machte es für einen Sinn, wenn ich davon sprach, dass Jesus mich vom Alkohol befreite, wenn ich andererseits dennoch zu viel trank? Immer wieder spielte ich mit dem Feuer und verbrannte mich dabei. Ich hatte mit meinem alten Leben nie radikal abgeschlossen. Ständig ging ich billige Kompromisse ein und lebte somit nicht in meiner wahren Berufung. Und obwohl ich vielen meiner Mitmenschen gerne etwas von der Erlösermacht von Jesus erzählte, sah es bei mir selber oft genau gegenteilig aus. Es war ein völlig unbefriedigendes Leben.

Es war letztlich der bei uns in der Schweiz bekannte christliche Sänger und Liedermacher Markus Dolder, der alle Hebel in Bewegung setzte, damit ich von einem weiteren Hilfsangebot profitieren konnte. Markus und ich lebten damals – zusammen mit zwei weiteren jungen Männern – in einer Wohngemeinschaft. Er machte mich eines Tages auf die Arbeit des christlich-therapeutischen Zentrums Samachja in Pieterlen aufmerksam: «Das wäre doch was für dich. Dort gibt es viele Menschen aus dem Drogen- und Alkoholmilieu, denen schon wirkungsvoll geholfen werden konnte.»

Ich nahm den Telefonhörer zur Hand und wählte die entsprechende Nummer. Da gerade ein Platz frei wurde, konnte ich wenige Wochen später einziehen. Die folgenden anderthalb Jahre verbrachte ich nun dort. Aber auch hier kam mein rebellisches und störrisches Wesen immer wieder neu zum Vorschein. Die Therapeuten hatten es nicht einfach mit mir. Aber letztlich neigte sich auch diese Zeit ihrem Ende entgegen.

Erneut war nun wieder die Frage nach einem geeigneten Arbeitsplatz offen. Wer würde wohl einen solchen Mann wie mich in seiner Firma aufnehmen? Nach verschiedenen Versuchen wurde diese Frage von einer Seite geklärt, von der ich es nie erwartet hätte – vom Bundeshaus in Bern.

Vom Wirtshaus ins Bundeshaus

Die Sorgen sind gewichen,
das Leben ist bejaht,
Elend und Not verblichen,
denn die Erlösung naht.

Die Schweizerische Eidgenossenschaft wurde nun zu meiner neuen Arbeitgeberin. Viele wissen nicht, dass die Bundesverwaltung jedes Jahr einer bestimmten Anzahl Menschen, die aus verschiedenen sehr schwierigen Lebensumständen kommen, die berufliche Chance zu einem Neuanfang gibt. Von dieser enorm großzügigen Dienstleistung unseres Staates durfte auch ich im Frühjahr 1992 profitieren.

Bereits am ersten Arbeitstag wurde ich von meinem Kurierkollegen durch das gesamte Bundesamt für Justiz geführt. Er stellte mich den einzelnen Persönlichkeiten und Funktionären vor und sagte: «Dies hier ist Herr Jakob Wampfler, unser neuer Postkurier.» Es war sehr vorbildlich, wie er dies tat. Bei all dem vielen Händeschütteln erstarrte ich fast vor lauter Ehrfurcht. Das waren doch alles so wichtige Menschen und hohe Persönlichkeiten! Hoffentlich konnten sie auch eine so einfache Person wie mich, die nicht gerade die beste Vergangenheit aufzuweisen hatte, akzeptieren.

Und wie sie das taten! Die meisten von ihnen verhielten sich über all die Jahre hinweg absolut vorbildlich und fair. Viele von ihnen trugen im Laufe der Zeit maßgeblich zu meiner positiven Entwicklung bei. Besonders ermutigend war für mich, wenn sie zeigten, dass sie nicht nur meine Arbeit, sondern auch mich als Menschen schätzten. Ein Mann, dem ich täglich seine Post ins Büro brachte, meinte seinerzeit zu mir: «Herr Wampfler, Sie sind einfach der Sonnenschein bei uns im Bundesamt für Justiz.» Eine Mitarbeiterin aus einer anderen Abteilung wiederum meinte eines Tages: «Wenn ich dich am Morgen grüßen kann, so ist für mich jeweils der ganze Tag gerettet.» Wie wohl mir doch solche Aussagen taten!

Jeder Bundesrat ist auch nur ein Mensch und somit eine Person mit Fehlern. Es gibt aber selbst unter den höchsten Politikern solche, die eine gewisse Menschlichkeit und Sympathie ausstrahlen.

Während meiner Zeit im Bundeshaus arbeitete ich bis jetzt unter drei Bundesräten[24]. Es waren dies Arnold

---

[24] Die aus sieben von der schweizerischen Bundesversammlung für vier Jahre gewählten Mitgliedern bestehende Regierung; ihr Vorsitzender ist der jedes Jahr neu gewählte Bundespräsident.

Koller (bis 1999), Ruth Metzler (1999 bis 2003) und Christoph Blocher (ab 2003). Nun, jeder Bundesrat ist auch nur ein Mensch und somit eine Person mit Fehlern. Es gibt aber selbst unter den höchsten Politikern solche, die eine gewisse Menschlichkeit und Sympathie ausstrahlen. Eine Person, die sich mir gegenüber äußerst zuvorkommend verhielt, war die damalige Bundesrätin Ruth Metzler-Arnold. Eines Tages gratulierte ich ihr per E-Mail zu einem gelungenen Fernsehauftritt, bei dem sie ihre Positionen glaubhaft und mit viel Fachkompetenz vertrat, und wünschte ihr gleichzeitig Gottes Segen.

Bereits drei Stunden später mailte sie mir zurück: «Lieber Herr Wampfler, Ihre Mail hat mich außerordentlich gefreut. Glauben Sie mir, auch ich brauche solche ‹Aufsteller›![25] Ihre liebenswürdigen Komplimente sind für mich echte Zeichen der Wertschätzung. Es tut gut zu spüren, dass mich viele Menschen, auch Sie, auf meinem Weg begleiten. Dafür danke ich Ihnen von ganzem Herzen. Glauben Sie mir, ich werde meine fröhliche Art sicher behalten, damit es in den heiligen Hallen (Anm. des Autors: im Bundeshaus) nicht immer so grau ist. Mit bestem Gruß, Ruth Metzler-Arnold.»

Eines Tages erschien in einer Ausgabe der Blaukreuzzeitung ein Beitrag über mich und meine einstige Alkoholabhängigkeit. Ich schickte ein Exemplar dieser Zeitung an Frau Metzler und erhielt daraufhin die folgenden von Hand geschriebenen Zeilen von ihr, die

---

[25] «Aufstellen»: schweizerisch für «gute Laune bringen».

sie mir in einem Kuvert mit dem Vermerk «persönlich» umgehend zustellte: «Lieber Herr Wampfler, ich danke Ihnen ganz herzlich dafür, dass Sie mir ein Exemplar der Blaukreuzzeitung zukommen ließen. Das Porträt über Sie hat mich sehr beeindruckt. Ich wünsche Ihnen weiterhin alles Gute und hoffe sehr, dass Sie sich bei uns im EJPD[26] wohl fühlen und bei uns ‹zu Hause› sind. Liebe Grüße, Ruth Metzler.»

Bundesrätin Metzler war – im Gegensatz zu anderen hohen politischen Würdenträgern – auch nicht zu stolz, einem einfachen Postkurier wie mir die Hand zu drücken und sich für die geleistete Arbeit zu bedanken. In diesem Verhalten zeigte sich sehr viel Menschlichkeit. Wie schön wäre es, wenn weniger Rang und Name als vielmehr diese gesunden zwischenmenschlichen Beziehungen zählten!

Zwei weitere äußerst interessante Begegnungen mit Bundesräten durfte ich ebenfalls erleben. Im einen Fall war ich gerade bei meinen Eltern zu Hause, als die damaligen Bundesräte Adolf Ogi und Kaspar Villiger per Mountainbike eine Tour machten und sich in Zwischenflüh direkt neben unserem Haus eine wohlverdiente Pause gönnten. Als ich die beiden vom Fenster aus sah, ging ich sofort nach draußen, um ihnen die Hände zu schütteln.

Herr Ogi fragte: «So, sind Sie hier der Posthalter?»

«Nein», gab ich zur Antwort, «mein Vater hat bis vor kurzem diese Poststelle geleitet, jetzt ist mein jüngerer

---

[26] Eidgenössisches Justiz- und Polizeidepartement.

Bruder in seine Fußstapfen getreten.»

«Und wo arbeiten Sie?», erkundigte er sich nun.

«Ich bin in derselben ‹Bude› wie Sie tätig, Herr Bundesrat», gab ich ihm zur Antwort. «Ich gehöre zum Bundesamt für Justiz und arbeite dort als Postkurier.»

Ich war völlig verblüfft über ein so gutes Gedächtnis. Ein dermaßen hoher Amtsträger hatte doch mit Bestimmtheit noch viele andere wichtige Daten in seinem Kopf zu speichern als nur meinen bedeutungslosen Namen.

Ich schüttelte den beiden Bundesräten zum Abschied noch die Hände, worauf Herr Villiger meinte: «Wenn wir uns dann in Bern wieder begegnen sollten, so machen Sie sich bitte bemerkbar, damit wir uns einen kleinen gemeinsamen Schwatz leisten können.»

Viele Monate später sah ich Kaspar Villiger tatsächlich in der Nähe des Bundeshauses auf der Straße. Zu meinem völligen Erstaunen erkannte er mich sofort wieder: «Grüezi Herr Wampfler, wie geht es Ihrem schönen Diemtigtal?», fragte er mit einem breiten Lächeln. Ich war völlig verblüfft über ein so gutes Gedächtnis. Ein dermaßen hoher Amtsträger hatte doch mit Bestimmtheit noch viele andere wichtige Daten in seinem Kopf zu speichern als nur meinen bedeutungslosen Namen. Mir persönlich zeigte diese kleine Begebenheit jedoch, dass für niemanden auf dieser Welt ein Amt zu hoch ist, als dass er nicht dennoch mit einfachen Menschen im Kontakt bleiben kann. Herr Villiger hat mir diese Möglichkeit klar und deutlich vordemonstriert.

Eine eher kurze aber dennoch spezielle Begegnung gab es auch mit Bundesrat Moritz Leuenberger. Wir befanden uns gerade zu zweit in der Männertoilette und entleerten beide gleichzeitig unsere Blasen.

«Ich möchte diese Gelegenheit dazu benützen, Ihnen gegenüber einmal meine tiefe Bewunderung und Dankbarkeit für Ihre mutige Politik zum Ausdruck zu bringen, die nicht immer von allen verstanden und goutiert wird», sagte ich zu ihm, während unser von uns persönlich verursachtes Plätschern in den Schüsseln langsam verstummte. Es war einer der wenigen Augenblicke, in denen Herrn Leuenbergers Mundwinkel sich mehr in die obere anstatt in die untere Richtung verzogen.

«Danke vielmals für dieses Kompliment.» Das waren in diesem Augenblick seine einzigen Worte. Danach drehte er sich eilig um, wusch noch seine Hände und ging sofort wieder seiner vielen Arbeit nach.

Mein jetziger Oberboss ist Bundesrat Dr. Christoph Blocher, der Vorsteher des gesamten Eidgenössischen Justiz- und Polizeidepartements (EJPD). Auch mit ihm hatte ich inzwischen eine winzig kleine Begegnung. Im Oktober führen die Bauern aus sämtlichen Amtsbezirken des Kantons Bern jeweils einen großen Bauernmarkt auf dem Bundesplatz durch. Da werden die unterschiedlichsten Produkte verkauft: frische Milch- und Fleischerzeugnisse, Käse in allen Größen und Variationen, schmackhafte Würste und alle erdenklichen Sorten von Honig und Sirupen, dazu noch viele verschiedene Gemüse- und Obstsorten und nicht zuletzt auch noch zahlreiche künstlerisch hochwertige Handarbeiten. An diesem einen Tag im Oktober herrscht jeweils ein sehr reges und buntes Treiben. Herr Blocher, der ansonsten nur selten von seinem Schreibpult wegzubringen ist, nahm sich an diesem Tag auch mal die Zeit, um sich mit seinem Weibel zusammen die einzelnen Stände anzusehen beziehungsweise da und dort mit der ländlichen Bevölkerung ein Wort zu wechseln.

An diesem Tag stand ich am Stand unseres Diemtigtales und plauderte dort mit den Anwesenden, die ich allesamt kannte. Plötzlich sah ich Christoph Blocher und seinen Bundesratsweibel auf unseren Stand zusteuern. Sofort lief ich ihnen entgegen, streckte meine Hand aus und sagte: «Grüezi wohl, Herr Bundesrat!»

Der Weibel reagierte mit einem leicht spöttischen Unterton: «Das ist jetzt eben auch so ein Diemtigtaler.»

Ich spürte, dass Herr Blocher meinte, dass auch ich ein Bauer sei, der nun seine Produkte feilbot, und erklärte sogleich: «Allerdings bin ich ein Diemtigtaler, aber ich bin kein Landwirt, sondern ich arbeite als Postkurier in Ihrem Departement, Herr Bundesrat. Aber wir zwei sind uns halt noch nie begegnet.» Daraufhin fuhr ich gleich weiter, indem ich ihm gegenüber die Produkte unseres Tales lobte: «Wenn Sie, Herr Bundesrat, wirklich erstklassige Produkte wollen, dann müssen Sie unbedingt hier bei uns am Diemtigtaler Stand einkaufen.» Wie hocherfreut war ich, als er meinen Rat beherzigte und für sich verschiedene Köstlichkeiten aussuchte. Es gibt halt auch Bundesräte, die gerne mal «schnousen»[26].

* * *

Obwohl ich mich im Bundeshaus sowie in den anderen Gebäuden, die zur Bundesverwaltung gehören, immer wohl fühlte, erlebte ich gerade in dieser Zeit den wohl heftigsten Absturz meines Lebens. Den größten Rausch soff ich mir damals an, als ein Mitarbeiter weitererzählte, wer und was ich in meinem früheren Leben gewesen war. Ihm machte es wohl nichts aus, mich vor anderen zu verunglimpfen. Ich jedoch war zu diesem Zeitpunkt noch eine kleine und feine Pflanze mit einem äußerst sensiblen Charakter. Als ich durch eine Drittperson davon hörte, brannten deshalb bei mir alle Sicherungen durch.

Bis zur letzten Minute meiner Arbeitszeit war ich nervlich völlig angespannt. Eine unbändige Wut war in mir entbrannt. Wie konnte dieses A… nur solche Dinge über mich erzählen! Wusste er denn nicht, dass so etwas absolut verletzend und erniedrigend ist?

Ich hätte sicher die Möglichkeit gehabt, auf diesen

---

[27] Berndeutsch für «naschen».

Mann zuzugehen und ihn zu fragen, weshalb er dies getan hatte. Aber ich wählte einmal mehr einen anderen Weg und benützte den von dieser Person verursachten Fehler als Rechtfertigung, mir einen Rausch anzutrinken, obwohl ich inzwischen wieder mehrere Jahre lang trocken gewesen war. Und so landete ich einmal mehr dort, wo ich eigentlich gar nicht sein wollte, nämlich an einem Wirtshaustisch in einer völlig verrauchten Spelunke. Dieser eine Jahrhundertrausch, wie ich ihn nenne, hatte während vierzehn Tagen noch zahlreiche andere Abstürze zur Folge. Mit mir wurde es immer schlimmer.

Der Tag kam, an dem bei unserem Direktor des Bundesamtes für Justiz, Professor Heinrich Koller, eine Beschwerde einging, in der gefordert wurde, «diesen unbelehrbaren Wampfler zu entlassen». Ich galt bei demjenigen, der sich über mich beschwerte, als «hoffnungsloser Fall».

Professor Koller, einer der wertvollsten Mentoren, die ich je gekannt habe, sah diese Sache ganz anders: «Nein, Jakob Wampfler bleibt! Ich werde noch einmal mit ihm ein Gespräch führen. Danach kann er sich dann selber entscheiden zwischen dem Alkohol und einer weiteren Anstellung bei uns im Bundeshaus.»

Wenige Tage später wurde ich in sein Büro gerufen. «Nehmen Sie bitte Platz, Herr Wampfler», forderte er mich auf. «Ich möchte gerne mit Ihnen über Ihre weitere Zukunft bei uns hier im Bundeshaus reden.»

Ich wusste, dass dieses eine Versprechen, das ich hier gab, für alle Ewigkeit nicht mehr gebrochen werden durfte.

Es war ein sehr sachliches, wenn für mich auch nicht gerade angenehmes Gespräch. Direktor Koller brachte einige Punkte zur Sprache, anhand deren ich mich endgültig zu entscheiden hatte. «Es ist Ihnen hoffentlich klar, Herr Wampfler, dass dies hier der allerallerletzte Rückfall im Bundesamt für Justiz gewesen ist. Sie haben genügend Chancen gehabt. Wenn ich mich heute als Direktor hier für Sie verbürge, so nur deshalb, weil ich mit aller Deutlichkeit betonen will, dass dies nur noch dieses eine Mal so sein wird. Außerdem werden Sie mir heute an dieser Stelle versprechen müssen, dass Sie sich ab sofort mit einer Fachperson des Blauen Kreuzes regelmäßig zu Gesprächen treffen, um Ihre ganze Vergangenheit aufzuarbeiten. Denn nur so werden Sie echte Fortschritte machen können.»

Unser Gespräch endete schließlich mit einem gegenseitigen Versprechen. Herr Koller sagte: «Sie, Herr Wampfler, werden mir nun versprechen, ab sofort keinen einzigen Tropfen Alkohol mehr anzurühren, und ich wiederum werde Ihnen die Zusage geben, dass Sie weiterhin Ihre Arbeitsstelle bei uns behalten dürfen.»

Daraufhin reichten wir uns gegenseitig die Hände. Es war ein sehr bewegender Moment für mich, als ich in die gütigen und liebevollen Augen unseres Justizdirektors sah. Gleichzeitig war es für mich aber auch ein heiliger Augenblick. Was Direktor Koller sagte, war für mich persönlich so klar und deutlich formuliert, wie wenn der Himmel selber zu mir gesprochen hätte. Ich wusste, dass dieses eine Versprechen, das ich hier gab, für alle Ewigkeit nicht mehr gebrochen werden durfte.

«Hier haben Sie noch meine persönliche Handynummer», sagte Herr Koller in freundlichem Tonfall. «Wenn Sie irgendwie ein Problem haben sollten, so bin ich gerne für Sie da.»

Es war eine historische Stunde in meinem Leben, dieses zwar sehr direkte, aber dennoch aufrichtige und gut gemeinte Gespräch. Seit diesem Tag habe ich nun tatsächlich nie mehr auch nur einen einzigen Tropfen Alkohol angerührt.

Neue Erfahrungen

Ich lebe! Ich darf leben
nach allem, was geschah.
Es wurde mir vergeben,
der Herr ist mir so nah.

Rund sechshundert Läufer rannten im Frühsommer des Jahres 1991 um die Wette. Der Christustag-Benefizlauf, der innerhalb der Stadt Bern zugunsten sozial-diakonischer Projekte sowie für arme Straßenkinder in Manila durchgeführt wurde, brachte immerhin rund 350 000 Schweizer Franken ein.

Die Zeitschrift «idea magazin»[28] schrieb damals folgende Zeilen über mich: «Jakob Wampfler (31) mit der Startnummer 111 ist einer der gewinnträchtigsten Läufer. Er hat 117 Sponsoren verpflichten können und kommt so auf ein Kilometergeld von sage und schreibe 955 Franken! ‹Ich bin nicht so gut trainiert, ich werde aber mein Bestes geben und hoffe, acht Kilometer zu laufen.› Jakob Wampfler war zwischen dem 16. und 22. Altersjahr schwer alkohol- und tablettenabhängig und wurde ‹durch den Glauben an Christus frei› von seiner Sucht. ‹Dieser Lauf ist für mich eine Gelegenheit, prak-

---
[28] Ausgabe 10 vom 7. Juni 1991.

tisch etwas für Randgruppen zu tun. Da ich selbst einmal abhängig war, sind mir die Süchtigen ein Anliegen.›

Der Zweite im Bunde der ‹finanzstarken› Läufer ist Ueli Horisberger aus Huttwil mit der Startnummer 7. Er fordert Jakob Wampfler zum Duell des Tages heraus. Mit einem Kilometergeld von 587 Franken hätte er keine Chance zu gewinnen, doch er ist ein hervorragender Läufer. Ein Mountainbike steht demjenigen zu, der am meisten Geld herausläuft.

Tatsächlich geht die Nummer 7, Ueli Horisberger, als Erster in die zweite Runde, dicht gefolgt vom ehemaligen Schweizer Crossmeister Markus Graf (Nummer 1). Jakob Wampfler mit der 111 findet sich erst im Mittelfeld.

Das Rennen dauert eine Stunde lang. Von Runde zu Runde werden die Gesichter röter. Einige Schlaue haben vorgesorgt: Sie lassen sich von Freunden am Rande der Strecke mit Getränken erfrischen. Die ‹Profis› begnügen sich mit den Zurufen der Zuschauer, die die Läufer kräftig anfeuern. Manche laufen, als würde die Olympiaqualifizierung auf dem Spiel stehen.

Wie könnte es anders sein, Markus Graf entschied das Rennen für sich; zumindest nach der gelaufenen Strecke von 17,5 Kilometern. Jakob Wampfler brachte es in den 60 Minuten immerhin auf 10,5 Kilometer. Somit ist er der eigentliche Sieger des Rennens, denn er hat mit 10 023 Franken am meisten Spendengelder herausgelaufen. Ueli Horisberger folgt ihm dicht. Mit 15,75 Kilometern erzielte er eine Summe von 9245 Franken.

Jakob Wampfler zu seinem Sieg: ‹Ich bin sehr zufrieden

mit meiner Leistung. Wenn man bedenkt, dass ich wegen zerbrochener Fersen, Füße und Zehen ein halbes Jahr im Rollstuhl saß, sind 10,5 Kilometer wie ein Wunder für mich.›»

Endlich war die Zeit gekommen, in der das Leben sich bei mir auch von der sonnigen Seite zeigte. Dieser Sponsorenlauf war wirklich eine äußerst ermutigende Sache für mich. Endlich wurde das oftmals nur theoretische Christentum praktisch. Ein Christustag ohne einen solchen Sponsorenlauf wäre bestenfalls ein frommes Programm gewesen, bei dem die Gläubigen am Abend wieder selbstzufrieden nach Hause gegangen wären. Die Ermutigung bestand für mich darin, ein Täter des Wortes sein zu dürfen und weniger nur ein Zuhörer.[29]

* * *

Das Leben hatte inzwischen noch ganz andere Ermutigungen für mich parat. So konnte ich, nachdem nun mit dem ganzen Saufen endgültig Schluss war, da und dort auch das Vertrauen meiner Mitmenschen gewinnen. Je mehr der christliche Glaube in mir Gestalt annahm, umso wirkungsvoller und effizienter wurde das, was ich mit Worten und Taten weitergab. Und plötzlich fingen die Leute an, mir ihr Herz auszuschütten.

An meinem Arbeitsplatz kam eines Tages ein Mann auf mich zu, der sich darüber beklagte, wie schlecht es ihm

---

[29] Siehe dazu auch Jakobus 1,22.

ginge. Schon von weitem rief Peter[30] mir zu: «Köbu, bete für mich, in unserer Abteilung ist der Teufel los!»

Drei Tage später begegneten wir uns erneut, und er bat mich zu sich in sein Büro. «Weißt du, ich fühle mich in letzter Zeit völlig gestresst», vertraute er sich mir an. «Inzwischen bin ich in der zweiten Lebenshälfte, und meine Kräfte lassen irgendwie nach. Ich mag einfach nicht mehr so arbeiten und wirken wie damals, als ich noch zwanzig war.» Peter erzählte mir auch, dass er Angst habe, seine Stelle zu verlieren. «Heute weiß man ja nie, ob einem nicht plötzlich die Stelle gekündigt wird. Selbst wir Bundesangestellten sind von solchen Kündigungen nicht ausgenommen. Und wie sollte ein Mann in meinen Jahren noch eine Stelle finden können, wo doch selbst die jüngeren Semester oftmals keine Chance mehr haben?»

«Warum erzählst du mir das eigentlich alles, Peter?», fragte ich ihn.

«Es sind zwei Gründe, weshalb ich dies tue. Einerseits habe ich von anderen Leuten gehört, dass du in deinem Leben ebenfalls vieles durchgemacht hast, andererseits spüre ich in mir einfach, dass du ein Mann bist, dem man vertrauen kann.»

«Wie meinst du das genau?»

Peter sagte: «Ich habe dich nun schon einige Zeit lang beobachtet. Erst dachte ich, dass du ein Scharlatan sein könntest. Mehr denn je wurde mir aber bewusst, dass es auch noch eine andere Möglichkeit als Erklärung geben

---

[30] Name geändert.

kann. Ich weiß auch, dass ich mich letztlich für die eine oder andere Variante entscheiden muss.»

«Und wie sieht deiner Meinung nach die zweite Variante aus?», wollte ich nun von ihm wissen.

«Ich sage es mal so: Entweder bist du wirklich ein Scharlatan, oder aber es steckt eine andere viel höhere Macht hinter dir und deiner Lebensgeschichte. Denn das, was du erlebt hast, sprengt schlichtweg die Grenzen jeglicher menschlicher Vernunft.»

Als er dies sagte, erinnerte ich mich an eine andere Begebenheit, die ich ebenfalls an meinem Arbeitsplatz erleben durfte. Ich befand mich damals zusammen mit einer Frau im Aufzug. Während der wenigen Augenblicke, in denen wir in diesem kleinen Raum zusammen waren, sagte sie zu mir: «Ich kann einfach nicht verstehen, wie Sie an einem Montagmorgen während Ihrer Arbeit ein Liedchen pfeifen können! Sind Sie ein Showman bei uns hier im Bundeshaus oder was genau steckt hinter Ihrem Verhalten?»

Peter und diese Frau im Lift waren längst nicht die Einzigen, die mir solche und ähnliche Fragen stellten. Nicht zuletzt beschäftigte ja auch ich mich immer wieder mit der Frage, wer und was ich war und ob hinter meinem Leben vielleicht doch eine spezielle Berufung steckt. Immer wieder wurde ich nun mit Menschen konfrontiert, die sich mit ihren Problemen an mich wandten. Oftmals stellten sie mir dabei Fragen, mit denen ich mich selber gar nie befasst hatte und auf die ich nicht immer eine richtige Antwort wusste. Auf der anderen Seite sind es ja auch nicht immer die klugen Antworten, auf die wir Menschen gewartet haben. Viele sind dann schon glücklich, wenn sie nur einmal einen Menschen haben, der sich Zeit nimmt, ihnen zuzuhören.

Sich der Schwachen anzunehmen ist eine äußerst christliche Handlung. Jesus selber sagte, dass er nicht für die Starken, sondern für die Schwachen gekommen ist.

Zu diesen Leuten gehört mit Bestimmtheit auch Andreas. Er ist ebenfalls ein Angestellter des Bundes, und wir haben uns schon sehr oft getroffen und ausgetauscht. Andreas leidet selber unter einer Behinderung, die durch ein traumatisches Erlebnis verursacht worden ist. Er ist heute eine oftmals belächelte Person und wird kaum von jemandem ernst genommen. Diese Tatsache bekomme ich regelmäßig zu spüren, wenn ich mich mit ihm treffe. Dabei gibt es kaum etwas Wichtigeres, als gerade sich für solche Menschen Zeit einzuräumen! Und deshalb habe ich mich dafür entschieden, innerhalb meines Lebens als Christ auch hier die Schwerpunkte anders zu setzen. Wenn ich mich mit Andreas austausche und mir Zeit für ihn nehme, dann gelten nicht mehr Fragen der Rentabilität oder der so genannten gesunden menschlichen Logik. Hier sind andere Werte gefragt. Ich selber darf aber auch spüren und erleben, dass solche Zeiten dennoch sehr wertvoll sind für mich. Sich der Schwachen anzunehmen ist eine äußerst christliche Handlung. Jesus selber sagte, dass er nicht für die Starken, sondern für die Schwachen gekommen ist. «Gesunde Menschen brauchen keinen Arzt, aber die Kranken» (Lukas 5,31), sagte er seinerzeit zu den Selbstgerechten, als diese ihn kritisierten. In diesem Zusammenhang wurde für mich auch noch ein Wort des Apostels Paulus von größter Bedeutung. Er sagte: «Gott hat sich die Schwachen ausgesucht, die aus menschlicher Sicht Einfältigen, um so die Klugen zu beschämen. Gott nahm sich der Schwachen dieser Welt an, um die Starken zu demütigen. Wer von Menschen geringschätzig behandelt, ja verachtet wird, wer bei ihnen nichts zählt, den will Gott für sich haben. Aber alles, worauf Menschen so großen Wert legen, das hat Gott für null und nichtig erklärt» (1. Korinther 1,27–28). – Mein Freund Andreas gilt bei vielen Mitmenschen nur wenig. Die Stunde jedoch wird kommen, in der Gott solche Menschen zu seiner Ehre erhöhen wird.

Zurück zu den Wurzeln

Wenn in deiner Umgebung alle auch noch so eisig sind, gib die Hoffnung nicht auf. Das Eis kann zerschmelzen, wenn das Feuer der Liebe Jesu in deinem Herzen brennt.

Richard Wurmbrand,
ehemaliger Märtyrer

In meinem Leben durfte ich verschiedentlich entscheidende Hilfe durch Mitarbeiter des Blauen Kreuzes erfahren. Die Gründer dieser Arbeit stellten im Jahre 1877 ihr begonnenes Werk unter folgende Losung: «Evangelium und Abstinenz.» Leider richteten sich in den folgenden Jahren einige Verantwortliche nicht danach. Viele predigten Wasser und tranken dabei Wein. Sie waren blinde Blindenführer! Somit wurde auch die Losung von gewissen Leuten unter ihnen verfälscht, indem man vorerst so genannte Mäßigkeitsvereine gründete. Innerhalb dieser durfte zwar noch Alkohol getrunken werden, wenn auch nur in niedrigen Mengen. Damals war das Alkoholproblem bei uns in der Schweiz ganz besonders akut. Man meinte deshalb, mit diesen Dezimierungsmaßnahmen den weit verbreiteten übermäßigen Konsum starker Getränke in den Griff bekommen zu können, was natürlich ein absoluter Irrtum war.

So blieb letztlich diesen fehlbaren Vertretern des Blauen Kreuzes nur noch eines übrig: Sie mussten wieder zurück zur Losung des Gründers respektive sich wieder mit denen versöhnen, die von Anfang an daran festgehalten hatten. «Evangelium und Abstinenz» – dieses Motto führte letztlich, nachdem sich alle einig geworden waren, zu einer ganz besonderen Erfolgsgeschichte im Kampf gegen den Alkoholmissbrauch. In der Folge wurden Zehntausende von dieser tragischen Sucht frei. Viele Familien durften wieder gesunden und neu zusammenwachsen. Aus Arbeitslosen und Randständigen, die zuvor schlimme Säufer gewesen waren, wurden nun verantwortungsbewusste Männer und Frauen, die sich wieder in die Gesellschaft integrierten.

Es gibt viele Geschichten darüber, wie Menschen vom Alkohol frei werden durften. Ich meine aber sagen zu dürfen, dass meine Geschichte ein ganz spezielles Beispiel dafür ist, dass man auf keinen Fall Kompromisse eingehen darf.

Die Geschichte des Blauen Kreuzes war jeweils dann von Erfolg gekrönt, wenn diese Losung beherzigt wurde und sich die Verantwortlichen danach richteten. Daran hat sich bis zum heutigen Tag nichts geändert. Sämtlichen Suchtkranken kann nur dann wirklich geholfen werden, wenn sie zu hundert Prozent mit ihrer Abhängigkeit brechen.

Wenn Sie von der einen oder anderen Sucht betroffen sein sollten, so gibt es letztlich nur einen einzigen Weg, um wirklich frei zu werden: völlige Abstinenz! – Wenn Sie dieses Buch bis zu dieser Seite aufmerksam durchgelesen haben, so ist Ihnen mit Bestimmtheit aufgefallen, wie oft ich rückfällig geworden bin. Immer wieder dachte ich, dass ich es auch ohne entsprechende sture Richtlinien schaffen würde. «Man darf doch nicht so extrem sein», redete ich mir jeweils ein. Und so kam es, dass auf billige Kompromisse Abstürze folgten, die ich teuer zu bezahlen hatte.

Meine Geschichte war ebenso ein Beweis dafür, dass ich in meinem Herzen oftmals nicht aufrichtig war. Immer wieder ging ich Kompromisse ein. Es war jedoch weniger der Kuhhandel mit dem Alkohol, der zu den jeweiligen Rückfällen führte, als vielmehr meine Halbherzigkeit Jesus gegenüber. Hier lag das eigentliche Problem. Ich erkannte, dass mit Abstinenz allein nur ein Teil der Probleme gelöst worden wäre. Ich brauchte Gott, um ein wahrer Mensch sein zu können.

Es gibt viele Geschichten darüber, wie Menschen vom Alkohol frei werden durften. Ich meine aber sagen zu dürfen, dass meine Geschichte ein ganz spezielles Beispiel dafür ist, dass man auf keinen Fall Kompromisse eingehen darf. Wenn ich mich mit diesen Zeilen hier an die Betroffenen richte, so deshalb, weil mir alles daran liegt, den Einzelnen Mut zu machen, alles auf eine Karte zu setzen.

Diese eine Karte heißt für mich Jesus Christus. Ich durfte erleben, wie er mir in den ausweglosesten Situationen half. Selbst dann, als ich wieder nach meinem eigenen Willen und Gutdünken handelte, gab er mich nicht auf.

Nun möchte ich auch noch an diejenigen Mitarbeiter des Blauen Kreuzes ein Wort aus der Bibel weitergeben, die nach wie vor meinen, dass man Jesus Christus und sein Evangelium auch ausklammern könne. Es ist ein Wort für solche, die zu glauben meinen, dass Gott und sein Evangelium nicht mehr in diese moderne Zeit passen: «Erinnere dich daran, mit welch leidenschaftlicher Hingabe du dich einmal für mich entschieden hast. Was ist davon geblieben? Kehre um und werde wieder so, wie du am Anfang warst. Wenn du dich nicht von Grund auf änderst und zu mir umkehrst, werde ich kommen und deinen Leuchter von seinem Platz stoßen.» (Offenbarung 2,5.)

Ein Blick nach vorn

Und nun komm' ich zum Reste,
genug ist es für heut',
herzlichst stets das Beste,
das wünsch' ich allen Leut'.

In mir brennt eine tiefe Sehnsucht. Ich wünsche mir zutiefst, diese Kraft von Gott, die mein Leben dermaßen stark verändert hat, in noch viel stärkerem Ausmaß erleben zu können. Mehr denn je spüre ich in mir eine tiefe Leidenschaft für Jesus. Es zerreißt mich innerlich fast, wenn ich heute Menschen begegne, die noch immer unter den Folgen ihrer Süchte zu leiden haben. Egal, welcher Art diese auch sein mögen – es muss Abhilfe geschafft werden!

Was mich als Christ in ganz besonderer Weise bewegt, das ist die Tatsache, dass viele von denen, die vorgeben, an Gott zu glauben, sich den einzelnen Suchtproblematiken gegenüber eher gleichgültig verhalten. Fast könnte man meinen, dass die Mitgliedschaft in irgendeinem frommen Klub eine gewisse geistliche Überheblichkeit rechtfertigen würde. Es kann und darf aber einfach nicht sein, dass der Sinn des Lebens nur darin besteht, einerseits selber Heilung zu empfangen, um sich andererseits in der Folge in ein frommes Schneckenhaus zurückzuziehen.

Aber genau dies passiert leider immer wieder. Unsere Gesellschaft ändert sich jedoch nicht deshalb zum Guten, weil die Christen sich als Besserwisser aufspielen. Und ebenso wenig ist es richtig oder fair, mit verächtlichen Blicken auf diejenigen hinabzusehen, die nach wie vor noch immer mitten in der Scheiße ihres Lebens stecken. Mich beschäftigt die Tatsache, dass viele Menschen die Nase voll haben von Christen, die bestenfalls mit frommen Sprüchen um sich schlagen, andererseits aber kaum zu praktischen Lösungen fähig sind.

… weil wir in vielen christlichen Gruppierungen dermaßen frömmlerisch scheinen, dass viele Leute eher abgeschreckt anstatt angezogen werden.

In den vergangenen Jahren wurde ich oft von einzelnen christlichen Kirchen und Kreisen zu Referaten eingeladen. Im Normalfall waren die Leute begeistert von dem, was ich ihnen sagte, und ich erhielt viele Komplimente. Der Sinn meines weiteren Lebens kann und darf jedoch nicht darin bestehen, dass ich mich von frommen Menschen, die oftmals meinen, die Weisheit mit sieben Löffeln gefressen zu haben, für billige Unterhaltungszwecke missbrauchen lasse. Ich möchte mehr sein als nur ein Unterhalter, der eine spannende Lebensgeschichte zu erzählen hat.

Was nützt es, wenn die Leute mich und meine Botschaft dankbar annehmen, wenn sich letztlich dennoch nichts verändert? Würde man das, was ich in den einzelnen christlichen Gruppierungen weitersage, wirklich ernst nehmen, so wäre die logische Konsequenz daraus, dass es innerhalb der frommen Kreise geradezu wimmeln müsste von Menschen aus den Randgruppenszenen. Dem ist aber nicht so, weil wir in vielen christlichen Gruppierungen dermaßen frömmlerisch scheinen, dass viele Leute eher abgeschreckt anstatt angezogen werden. So, wie ich die Botschaft des Evangeliums begriffen habe, sollten wir aber eher anziehend statt abstoßend wirken.

Die wahre Liebe zu denen, die noch immer im Sumpf des Lebens stecken, zeigt sich nicht in Form von süßlich frommen Gesängen. Sie ist auch nicht primär eine Frage der richtigen Haartracht, der einzigen wahren Theologie, des vielen Betens und Fastens oder gar der so genannten «geistlichen Kampfführung». Wahre Liebe besitzen wir dann, wenn wir bereit sind, uns mit denjenigen Menschen einzulassen, die von der breiten Masse als «Abschaum» bezeichnet werden. Wahre Liebe geschieht dort, wo wir Jesus ähnlich werden und – entgegen aller pharisäischen Besserwisserei – bereit sind, die Sünder zu umarmen.

Ich pflege auch heute noch regelmäßig Kontakte zu Schwerstbetroffenen, weil ich diese Menschen aus ganzem Herzen liebe. Wenn ich bereit bin, ein Leben als Christ zu führen, so kann ich mir gar nicht leisten, meine

Mitmenschen in irgendeiner Form auf die Seite zu schieben. Das absolute Vorbild für mich ist Jesus. Er hat seinerzeit gelehrt, dass niemand mehr Liebe besitzt als der, der sein Leben für seine Freunde hingibt (siehe dazu Johannes 15,13). Und genau dies will ich auch weiterhin tun. «Denn wer sein Leben für sich selber verliert, der wird es verlieren; wer es aber um meinetwillen verliert, der wird es finden» (Matthäus 10,39), sagte Jesus an einer anderen Stelle. Für mich bedeutet dies einerseits, dass ich zwar wie ein Verlierer dastehe, wenn ich nicht mehr in erster Linie für meine eigenen Interessen, sondern vielmehr für die Mitmenschen da bin. Andererseits wird jeder selbstlose Verlust zum Gewinn, sofern die Herzenshaltung dabei stimmt.

Die Sehnsucht nach diesem «Mehr von Gott», nach mehr Echtheit und Vollmacht, treibt mich oftmals fast zur Verzweiflung. Ich möchte noch viel stärker erleben, wie Gott in meinem Leben zum Zuge kommt! Ich möchte noch mehr von seiner Kraft sehen und erleben! Die Zeit ist reif, dass Gottes Wirken in allen Bereichen unseres Lebens neu sichtbar werden darf. Schluss mit jeglicher Form von Mittelmäßigkeit! Schluss mit heuchlerischem Christentum! Schluss mit fromm getünchtem und letztlich doch rein eigenmächtigem Handeln! Wir werden dieses «Mehr von Gott» nur dann erleben, wenn wir wirklich bereit sind, unser Leben ganz unter die Herrschaft von Jesus Christus zu stellen.

Ich traf vor einiger Zeit mit einem Freund zusammen, mit dem ich zahlreiche tiefgründige Gespräche führen durfte, die allesamt letztlich in einer ganz speziellen Erkenntnis gipfelten: GOTT HAT SEINE GESCHICHTE NOCH NIE MIT MENSCHEN GESCHRIEBEN, DIE DAS TATEN, WAS ANDERE LEUTE VON IHNEN ERWARTETEN. – Mit diesem sehr zentralen Satz wachte mein Freund, bei dem ich übernachten durfte, am folgenden Morgen auf. Er trat aus dem Schlafzimmer und sagte zu mir: «Jakob, Gott hat mir soeben ein ganz besonderes Geheimnis offenbart.» Und dann erklärte er mir in wenigen markanten Sätzen einige entscheidende Punkte, die in der Folge viele meiner bisherigen Gedankengänge und letztlich mein ganzes Leben zu verändern begannen: «Wenn man für die Bibel einen passenden Untertitel wählen müsste, so wäre es dieser: GOTT HAT SEINE GESCHICHTE NOCH NIE MIT MENSCHEN GESCHRIEBEN, DIE DAS TATEN, WAS ANDERE LEUTE VON IHNEN ERWARTETEN. Wollte man die Erfolge der bisherigen Kirchengeschichte in einem Satz zusammenfassen, so müsste dieser wie folgt lauten: GOTT HAT SEINE GESCHICHTE NOCH NIE MIT MENSCHEN GESCHRIEBEN, DIE DAS TATEN, WAS ANDERE LEUTE VON IHNEN ERWARTETEN. Wollte man allen geistlichen Geheimnissen auf die Spur kommen und eine einigermaßen vernünftige Begründung finden, weshalb bestimmte Menschen in einer ganz besonderen Weise von Gott gebraucht wurden, so gäbe es auch hierfür nur eine einzige Erklärung: GOTT HAT SEINE GESCHICHTE NOCH NIE MIT MENSCHEN GESCHRIEBEN, DIE DAS TATEN, WAS ANDERE LEUTE VON IHNEN ERWARTETEN.»

Mein Freund zeigte mir in der Folge Beispiel für Beispiel auf. «Hinter diesem einen Satz liegen sehr viele geistliche Geheimnisse verborgen», offenbarte er mir. «Glaube ja nicht, lieber Jakob, dass Gott deshalb Geschichte mit dir schreibt, weil du dich den bestehenden Strukturen anpasst. Er wird nicht deshalb mit dir Geschichte schreiben, weil die breite Christenmasse das gutheißt, was du tust. Du bist auch nicht deswegen ein von ihm Gesegneter, weil du bestimmten Maßstäben entsprichst. Egal, wie du es drehst und wendest – es bleibt für immer ein tiefes Geheimnis: GOTT HAT SEINE GESCHICHTE NOCH NIE MIT MENSCHEN GESCHRIEBEN, DIE DAS TATEN, WAS ANDERE LEUTE VON IHNEN ERWARTETEN.»

Ich werde weiterhin an dieser Erkenntnis festhalten und damit rechnen, dass Jesus Christus in meinem Leben noch große Dinge tun wird …

Herzlichen Dank

Zuerst möchte ich Jesus Christus danken, der mir ein völlig neues Leben geschenkt hat. Meine kaputten Füße, die Leber, die Nieren, die Galle, meinen Magen und noch vieles anderes, das durch die Folgen des übermäßigen Alkoholkonsums und durch Tabletten zerstört worden ist, hat er alles geheilt und neu gemacht. Jesus, du bist der Herr, mein Arzt! (Nach 2. Mose 15,26 und Lukas 4,40.)

Meiner Allerliebsten, meiner Ehefrau *Sophie*, die ich im Jahre 2002 heiraten durfte. Du hast in meinem Leben mit deiner Liebe und Gegenwart eine große Lücke geschlossen.

Meinen Eltern *Niklaus und Dori Wampfler*, denen ich weit mehr als nur mein Leben verdanke.

Annerös, meiner lieben Schwester, die immer an mich geglaubt hat.

Meinem Bruder *Klaus* (nicht dem «von der Flüe» … aber dem von Zwischenflüh ☺), der mich auf jede Art und Weise unterstützt und ermutigt hat.

Helene und Urs-Heinz Naegeli für die immense und geduldige Arbeit rund um dieses Buch, das wunderbare Zimmer, das feine Essen und die Gastfreundschaft im Allgemeinen. Besonderen Dank auch für die große Erweiterung meines geistlichen Horizonts.

Herrn Prof. Dr. Heinrich Koller für sein Vorwort zu diesem Buch und seine langjährige Geduld mit mir.

Allen weiteren Mentoren und Förderern, die mein Leben bereichert haben: *Elisabeth und Hanspeter Büchner, Heinz Hügli, Paul Jeremias, Anne Amstutz, Isabelle und Bruno Schneeberger, Otto Nyffeler, Kathrin Antener-Bärtschi, Marlene und Peter Meyer, Dr. Ruth Reusser, Hedy Wymann, Martin Meinen, Ursula und Markus Dolder, Ruth und Markus Käser* sowie verschiedenen Blaukreuzlern von überall.

Ein letzter Dank geht auch noch an sämtliche Mitarbeiterinnen und Mitarbeiter des Bundesamtes für Justiz und des Eidgenössischen Justiz- und Polizeidepartements.

Wer Jakob Wampfler live im Internet hören und sehen will, für den haben wir hier noch einen besonderen Surf-Tipp:

Wunder sind möglich.
Überzeugen Sie sich selbst.

WWW.WUNDER-HEUTE.CH

medialog
Medialog
Frauenfeld, 052 730 19 44
www.medialog.ch

Weitere Bücher aus dem Verlag Urs-Heinz Naegeli

Ich, der hinkende Jakob
Der lohnenswerte Leidensweg eines Bergbauern

Jakob Knutti

Als Sohn eines Bergbauern lernt Jakob Knutti schon früh die Schönheiten des Schweizerlandes kennen: Hohe, mit Schnee bedeckte Berge, wild tosende Gebirgsbäche, Kühe und Ziegen auf saftigen, grünen Alpweiden. Aber bereits mit zehn Jahren trifft ihn der erste Schicksalsschlag. Seine Mutter stirbt und der sensible junge Bursche leidet stark unter der fehlenden Mutterliebe. Mit 27 Jahren verunglückt er schwer und erlebt in der Folge mehrere längere Spitalaufenthalte. Alles andere als das, was ein Berglerherz begehrt. Absolut tragisch: Mit 48 folgt ein zweiter schwerer Unfall. Fast die Hälfte seines Lebens verbringt er an Krücken oder gar im Rollstuhl. Zahlreiche Operationen vermögen seine Gesundheit nie mehr ganz herzustellen. Er wird zum hinkenden Jakob. Trotzdem ist sein Leben von Hoffnung und Liebe erfüllt.

Hier liegt eine trostspendende Lebensgeschichte vor, die Jung und Alt zu begeistern vermag.

Jakob Knutti, Jahrgang 1933, ein Schweizer Bergler, ist verheiratet mit Elisabeth, Vater von vier Kindern und lebt heute in Turbach im Berner Oberland.

ISBN 3-907104-11-0

Spielsucht
Mein Weg aus der Abhängigkeit

Uwe Heimowski

Stück um Stück verschwindet. Inzwischen sind es bereits 200 Mark. «Diese elende hungrige Maschine! Das darf doch nicht wahr sein!» Dennoch denkt Uwe ans Gewinnen. Mit der Hand schlägt er plötzlich heftig an den Automaten, der für ihn längst mehr als nur ein Apparat ist. Es handelt sich vielmehr um einen persönlichen Feind, den es zu besiegen gilt. Er will diesen elenden Mistkerl endlich fertig machen.

Selten kamen die Gefühle eines süchtigen Spielers besser rüber als in diesem Buch. Uwe Heimowski schildert offen und ehrlich, wie er in die Spielsucht reinrutschte und dabei all sein sauer verdientes Geld verlor. Sein Leben besteht in der Folge nur noch aus Schulden, Betrügereien und Lügen. Zudem zieht sich die Schlinge um seinen Hals immer fester zusammen …

Kompetente Aussagen und ein packender Schreibstil! Ein Muss für alle, die spannende Lebensgeschichten lieben!

Uwe Heimowski, Jahrgang 1964, ist Pastor einer evangelischen Freikirche. Darüber hinaus wirkt er (Spezialgebiete Theologie und Pädagogik) im gesamten deutschsprachigen Raum als Dozent und Seminarreferent. Er lebt in Gera, ist verheiratet mit Christine und Vater von vier Kindern.

ISBN 3-907104-08-0

Ich wurde missbraucht
Das Leben einer Niederträchtigen

Helene Naegeli

Die fast unglaubliche Geschichte einer Russlanddeutschen

«Du siehst das alles falsch, Helene! Das Ganze war sicher nicht so schlimm, wie du es schilderst.» – Immer wieder wurde versucht, mit solchen und ähnlichen Sätzen die geschehenen Dinge zu vertuschen. Doch niemand weiss so gut wie das Opfer selbst, was genau die Wahrheit ist. Und diese wird hier schonungslos aufgedeckt. Das Leben des unerwünschten und von der Mutter als «niederträchtig» bezeichneten Mädchens Helene beginnt in Kirgisien. Weitere Stationen sind Estland, Deutschland und schliesslich die Schweiz.

In diesem oftmals prophetisch anmutenden Buch wird alles, was dieses junge Leben damals prägte, offen dargelegt: Seelische und sexuelle Missbräuche sowie Lügen und Intrigen, die unter dem Deckmäntelchen christlicher Frömmigkeit daherkamen. Quer durch das ganze Buch hindurch erlebt die Seele der Verfasserin ein Wechselbad der Gefühle.

Besonders faszinierend bei der vorliegenden Lebensgeschichte ist die Lösung. Die Autorin, zuvor eine völlig zerstörte Persönlichkeit, durfte eine ganzheitliche Heilung erleben und sich zu einer selbstbewussten Frau entwickeln.

ISBN 3-907104-05-6